10フレーズで世界旅行ができるワケ

　せっかくの海外旅行なのだから、思う存分楽しみたい。そのためには、きちんとした英語が話せないとだめなのでは…？　こう考える人は多いのではないでしょうか。でも、いざ旅行に備えようと手にとる「英会話本」には、複雑な言い回しがたくさん。こんな長いフレーズを言えるかしら、現地の人はちゃんとわかってくれるかな── そんなふうに思った人もまた少なくないのではないかと思います。

　でも、買いたいものを買い、食べたいものを食べ、見たいものを見る！── そのための英会話なら、単語だけで勝負してもいいくらい。難しいフレーズで話さなくても、ひとつの的確な単語が会話の道を開くことは少なくありません。そんな実感のもとに生まれたのが本書です。本書の基本はたくさんの単語。それから、単語を補足して、言いたいことを伝えるための最低限の基本フレーズが10パターン。本書が取り上げているのは主にそれだけです。

　必要な場面で、必要なページを開いてください。あなたの言いたいことがきっと伝えられるはず。「基本フレーズ＋単語」のシンプルな英語で、言いたいことを相手に伝え、満足度100％のステキな旅にしてください！

著者

CONTENTS

本書の使い方　　　　　　　　　　　　　　　　　　　　　　　4

出発24時間前編　　　　　　　　　　　　　　　　　5

基本の10フレーズ　　　　　　　　　　　　　　　　　　　6
丸暗記12フレーズ＋ネイティブの定番応答5フレーズ　　　16

場面別会話編

●機内・空港編　　　　　　　　　　　　　　　　　17

機内で　　（場所を聞く／乗務員に用事を頼む／機内食・飲み物　　18
　　　　　を頼む）
到着空港で（トランジットと乗り継ぎ／入国審査／荷物の受け取り／　24
　　　　　ロストバゲッジの窓口で／税関審査／通貨を両替する）
空港から市内へ　　　　　　　　　　　　　　　　　　　　32
◆そのほかのお役立ち単語　　　　　　　　　　　　　　　33

●ホテル編　　　　　　　　　　　　　　　　　　　35

フロントで（施設の場所を聞く／用事を頼む／施設の有無を聞く）　36
客室で　　（電話で用事を頼む）　　　　　　　　　　　　41
◆そのほかのお役立ち単語　　　　　　　　　　　　　　48

●ダイニング編　　　　　　　　　　　　　　　　　49

店を探す　　　　　　　　　　　　　　　　　　　　　　　50
レストランで（注文する／料理の素材について聞く／リクエストする）　51
ファーストフード店で（注文する／ドリンクのサイズを選ぶ／　71
　　　　　　　　　　リクエストする）
バーで　　（注文する／リクエストする）　　　　　　　　74
◆そのほかのお役立ち単語　　　　　　　　　　　　　　78

●ショッピング編 ... 81

店を探す	（ショッピング・スポットを探す／専門店を探す）	82
デパートで	（売り場を尋ねる／施設を探す／洋服を買う／バッグ・靴を買う／アクセサリー・時計を買う／小物・雑貨を買う／化粧品を買う／文具を買う／おもちゃを買う／リクエストする）	85
スーパーで	（日用品を買う／食品を買う）	108

●観光編 ... 113

観光案内所で	（情報を集める／希望を伝える）	114
街で	（観光スポットを探す）	117
観光スポットで	（施設について聞く／チケットを買う／博物館・美術館を見学する／許可を得る／写真を撮る）	121
◆そのほかのお役立ち単語		127

●アクティビティ編 ... 129

アクティビティセンターで	（体験希望を伝える／場所を聞く／用具を借りる）	130
◆そのほかのお役立ち単語		135
スポーツ観戦・観劇	（試合の情報を聞く／劇場の窓口で）	136
リラクゼーション	（予約をする／コースを選ぶ）	138
レンタカー	（車を借りる）	142
◆そのほかのお役立ち単語		144

●トラブル編 ... 145

定番フレーズ	（緊急時／紛失・盗難時／事故のとき／病院で／薬局で）	146
◆そのほかのお役立ち単語		152

●参考 基本単語 （数字／月／曜日・日・週／季節） ... 158

●すぐに使える旅単語500語 ... 160

本書の使い方

本編は「出発24時間前編」「場面別会話編」で構成され、巻末に単語集の付録が付いています。

１）出発24時間前編

本編を始める前に、基本の10フレーズを紹介します。各フレーズについて8ずつ例文を載せています。この例文はCDに収録されているので、CDの声に続いて繰り返し練習してみましょう。出発24時間前でも間に合いますが、余裕のある人は、ぜひ3日〜1週間前から練習してみてください。

CDにはほかに、海外旅行で必ず使う丸暗記12フレーズ、ネイティブの定番応答5フレーズも収録しています。

２）場面別会話編「基本フレーズ＋単語」

海外旅行のシチュエーションを「機内・空港」「ホテル」「ダイニング」「ショッピング」「観光」「アクティビティ」の6つに分け、各シチュエーションの基本単語を選りすぐって収録しました。どの単語も基本フレーズと組み合わせて使えるようになっています。最終章には「トラブル編」として、いざというときの必須フレーズをリストアップしてあります。

付録）すぐに使える旅単語500

旅先の様々なシーンで使える英単語を集めました。CDには日本語→英語→英語の順で収録されていますので、本を持たずに耳だけで学習することも可能です。（英語は2回読み）

出発24時間前編

基本の10フレーズ
＋丸暗記12フレーズ＋定番応答5フレーズ

「出発24時間前編」はCDに対応しています。「場面別会話編」で使う基本フレーズを前もって練習しておきましょう。CDは **覚えましょう ➡ 言ってみましょう** の2つのコーナーで構成されています。

覚えましょう

[日本語]➡[英語]の順に音声が収録されています。英語の後に続いて自分でも言って覚えましょう。

言ってみましょう

[日本語]に続いて、対応する英語を言ってみましょう。その後に確認のための[英語]が収録されています。

最後に、必ず使う丸暗記12フレーズ、ネイティブの定番応答5フレーズが入っています。

基本の10フレーズ

1 〜をお願いします。
〜, please.
プリーズ

レストランで料理や飲み物を注文したり、ショッピングの場面で店員さんに色やサイズをリクエストしたりと、さまざまな場面で使えるのが、この魔法のフレーズ。ほしいものの単語の後に、pleaseを付けるだけでOKです。Check out, please.(チェックアウトをお願いします)のように、自分のしたいことを伝えるときにも使えます。

CD1 02+03 覚えましょう▶言ってみましょう

オレンジジュースをお願いします。	**Orange juice**, please. オリンジ ジュース プリーズ
魚をお願いします。	**Fish**, please. フィッシュ プリーズ
Mサイズをお願いします。	**Medium**, please. ミーディアム プリーズ
禁煙席をお願いします。	**Non smoking table**, please. ノン スモーキング テイブル プリーズ
チェックアウトをお願いします。	**Check out**, please. チェック アウト プリーズ
大人1枚お願いします。	**One adult**, please. ワン アダルト プリーズ
お勘定をお願いします。	**Check**, please. チェック プリーズ
8時にお願いします。	**At eight**, please. アット エイト プリーズ

基本の10フレーズ ★

2 ～をもらえますか？
Can I have ～ ?
キャナイ　　ハヴ

何かがほしいことを伝える表現。自分のほしいものを、会話の相手が用意できるかどうかわからない場合に使います。たとえば、ホテルのフロントに地図が用意されているかどうか、またそれをもらえるかどうかわからないときは、Map, please. より、Can I have a map? のほうが自然です。もっと丁寧に言いたいときには Could I have～？という表現を使いましょう。

CD1 04+05

覚えましょう ▶ 言ってみましょう

ビールをもらえますか？	Can I have **a beer**? キャナイ　ハヴ　ア　ビア
毛布をもらえますか？	Can I have **a blanket**? キャナイ　ハヴ　ア　ブランケット
スクランブルエッグをもらえますか？	Can I have **scrambled eggs**? キャナイ　ハヴ　スクランブルド　エッグズ
ハンバーガーをもらえますか？	Can I have **a hamburger**? キャナイ　ハヴ　ア　ハンバーガァ
地図をもらえますか？	Can I have **a map**? キャナイ　ハヴ　ア　マップ
領収書をもらえますか？	Can I have **a receipt**? キャナイ　ハヴ　ア　リスィート
カギをもらえますか？	Can I have **a key**? キャナイ　ハヴ　ア　キー
館内の案内図をもらえますか？	Can I have **a floor guide**? キャナイ　ハヴ　ア　フロー　ガイド

3 〜はありますか？ Do you have 〜 ?
ドゥー　ユー　ハヴ

> お店などで、自分のほしいものがあるかどうか、在庫状況を聞くときに便利な表現です。商品の在庫を聞くとき、have の後にくる単語を複数形にすれば、a や an を付ける必要はありません。

CD1 06+07　覚えましょう▶言ってみましょう

ジャケットはありますか？　　　　　Do you have jackets?
　　　　　　　　　　　　　　　　ドゥー　ユー　ハヴ　ジャケッツ

財布はありますか？　　　　　　　　Do you have wallets?
　　　　　　　　　　　　　　　　ドゥー　ユー　ハヴ　ワレッツ

手荷物を預かってくれる場所　　　　Do you have a cloakroom?
はありますか？　　　　　　　　　　ドゥー　ユー　ハヴ　ア　クロウクロウム

当日券はありますか？　　　　　　　Do you have tickets for
　　　　　　　　　　　　　　　　ドゥー　ユー　ハヴ　ティケツ　フォー
　　　　　　　　　　　　　　　　today's show?
　　　　　　　　　　　　　　　　トゥデイズ　ショウ

オープンカーはありますか？　　　　Do you have a convertible?
　　　　　　　　　　　　　　　　ドゥー　ユー　ハヴ　ア　コンヴァーティブル

赤はありますか？　　　　　　　　　Do you have red?
　　　　　　　　　　　　　　　　ドゥー　ユー　ハヴ　レッド

トランプはありますか？　　　　　　Do you have playing cards?
　　　　　　　　　　　　　　　　ドゥー　ユー　ハヴ　プレイング　カーズ

ダイビングスーツはありますか？　　Do you have a diving suit?
　　　　　　　　　　　　　　　　ドゥー　ユー　ハヴ　ア　ダイヴィング　スート

4 ～はありますか？
Is there ～ ?
イズ　ゼア

> ホテル内の施設や、アトラクションの有無などを聞くときに重宝するのがこの表現です。複数の物を聞くときには、Are there ～? となります。

CD1 08+09

覚えましょう ▶ 書ってみましょう

| ショッピングモールはありますか？ | Is there **a shopping mall**? |
| | イズ　ゼア　ア　ショピング　モール |

映画館はありますか？　　　　　Is there **a movie theater**?
　　　　　　　　　　　　　　イズ　ゼア　ア　ムーヴィ　スィアタァ

テニスコートはありますか？　　Is there **a tennis court**?
　　　　　　　　　　　　　　イズ　ゼア　ア　テニス　コート

市内観光ツアーはありますか？　Is there **a city tour**?
　　　　　　　　　　　　　　イズ　ゼア　ア　スィティ　トゥア

今日、メジャーリーグの試合は　Is there **a Major League**
ありますか？　　　　　　　　イズ　ゼア　ア　メイジャ　リーグ
　　　　　　　　　　　　　　baseball game today?
　　　　　　　　　　　　　　ベイスボール　ゲイム　トゥデイ

日本食レストランはありますか？　Is there **a Japanese**
　　　　　　　　　　　　　　イズ　ゼア　ア　ジャパニーズ
　　　　　　　　　　　　　　restaurant?
　　　　　　　　　　　　　　レストラン

書店はありますか？　　　　　　Is there **a bookstore**?
　　　　　　　　　　　　　　イズ　ゼア　ア　ブックストー

公園はありますか？　　　　　　Is there **a park**?
　　　　　　　　　　　　　　イズ　ゼア　ア　パーク

5 これは〜ですか？
Is this 〜 ?
イズ ディス

目の前のものについて聞くときの簡単表現。洋服や靴のサイズを確認したり、素材や品質を聞いたりと、使い方はいろいろです。複数形のときには、Are these 〜? となります。

覚えましょう ▶ 言ってみましょう

CD1 10+11

| これはSサイズですか？ | Is this **small**? |
| イズ ディス スモール |

これはシルクですか？　　　　Is this **silk**?
イズ ディス スィルク

これはウールですか？　　　　Is this **wool**?
イズ ディス ウル

これは複製ですか？　　　　　Is this **a replica**?
イズ ディス ア レプリカ

これはピカソの作品ですか？　Is this **a work by Picasso**?
イズ ディス ア ワーク バイ ピカソ

これはジャガイモですか？　　Is this **potato**?
イズ ディス ポテイトウ

これはイチゴですか？　　　　Is this **strawberry**?
イズ ディス ストゥローベリィ

これはセロリですか？　　　　Is this **celery**?
イズ ディス セルリィ

基本の10フレーズ ★

6 〜はどこですか？
Where's 〜 ?
ウェアズ

場所を聞くときの簡単表現。Where's（Where is の短縮形）の次に、聞きたい施設や建物、売り場などを表す単語を加えるだけです。複数のものを聞くときには、Where are 〜? と、are を使います。

覚えましょう ▶ 言ってみましょう

化粧室はどこですか？　　　　**Where's the restroom?**
　　　　　　　　　　　　　　ウェアズ　ザ　レストルーム

入り口はどこですか？　　　　**Where's the entrance?**
　　　　　　　　　　　　　　ウェアズ　ジ　エントゥランス

私の座席はどこですか？　　　**Where's my seat?**
　　　　　　　　　　　　　　ウェアズ　マイ　シート

婦人服はどこですか？　　　　**Where's women's clothing?**
　　　　　　　　　　　　　　ウェアズ　ウィミンズ　クローズィング

荷物の受取所はどこですか？　**Where's the baggage claim?**
　　　　　　　　　　　　　　ウェアズ　ザ　バゲジ　クレイム

タクシー乗り場はどこですか？ **Where's the taxi stand?**
　　　　　　　　　　　　　　ウェアズ　ザ　タクスィ　スタンド

両替所はどこですか？　　　　**Where's the exchange counter?**
　　　　　　　　　　　　　　ウェアズ　ジ　エクスチェインジ　カウンターァー

特別展の場所はどこですか？　**Where's the special exhibit?**
　　　　　　　　　　　　　　ウェアズ　ザ　スペシャル　エグズィビット

7 ～を探しています。
I'm looking for ～.
アイム　　　　ルッキング　　　フォー

⑥と同様、場所を聞きたいときに使える表現です。街で目的地を聞くときや、デパートやスーパーなどで目的の物があるかどうかわからないときに使うのにも便利です。

覚えましょう▶言ってみましょう
CD1 14+15

駅を探しています。	I'm looking for **the station**. アイム　ルッキング　フォー　ザ　ステイション

大聖堂を探しています。　　I'm looking for **the cathedral**.
　　　　　　　　　　　　アイム　ルッキング　フォー　ザ　カスィードゥラル

植物園を探しています。　　I'm looking for
　　　　　　　　　　　　アイム　ルッキング　フォー
　　　　　　　　　　　　the botanical garden.
　　　　　　　　　　　　ザ　ボタニカル　ガードゥン

エレベーターを探しています。　I'm looking for **the elevator**.
　　　　　　　　　　　　　　アイム　ルッキング　フォー　ジ　エレヴェイタァ

ハンドバッグを探しています。　I'm looking for **a handbag**.
　　　　　　　　　　　　　　アイム　ルッキング　フォー　ア　ハンドゥバグ

歯ブラシを探しています。　　I'm looking for **a toothbrush**.
　　　　　　　　　　　　　アイム　ルッキング　フォー　ア　トゥースブラッシュ

ボールペンを探しています。　I'm looking for
　　　　　　　　　　　　　アイム　ルッキング　フォー
　　　　　　　　　　　　　a ball-point pen.
　　　　　　　　　　　　　ア　ボールポイント　ペン

封筒を探しています。　　　I'm looking for **an envelope**.
　　　　　　　　　　　　アイム　ルッキング　フォー　アン　エンヴェロウプ

基本の10フレーズ ★

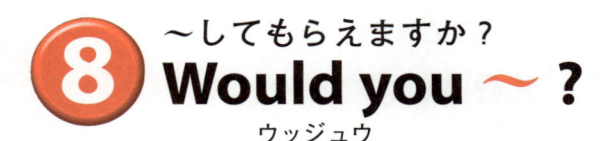

8 ～してもらえますか？
Would you ～ ?
ウッジュウ

相手に何かをしてほしいときに重宝するのがこの表現。Would youの後に、してほしいことを付け加えるだけでOKです。さまざまな場面で使えますね。

CD1 16+17 覚えましょう▶言ってみましょう

手を貸してもらえますか？	Would you **help me**? ウッジュウ　ヘルプ　ミー
部屋につけてもらえますか？	Would you **charge it to my room**? ウッジュウ　チャージ　イット　トゥー　マイ　ルーム
荷物を預かってもらえますか？	Would you **keep my baggage**? ウッジュウ　キープ　マイ　バゲジ
私の写真を撮ってもらえますか？	Would you **take a picture of me**? ウッジュウ　テイク　ア　ピクチャ　オヴ　ミー
タクシーを呼んでもらえますか？	Would you **call a taxi**? ウッジュウ　コール　ア　タクシー
貴重品を預かってもらえますか？	Would you **keep my valuables**? ウッジュウ　キープ　マイ　ヴァリュアブルズ
値引きしてもらえますか？	Would you **give me a discount**? ウッジュウ　ギヴ　ミー　ア　ディスカウント
紙袋に入れてもらえますか？	Would you **put it in a paper bag**? ウッジュウ　プット　イット　イン　ア　ペイパー　バグ

9 〜をしたいのですが。
I'd like to 〜 .
アイド ライク トゥー

自分がしたいことを相手に伝えるときの便利な表現です。I'd like to の後に、自分のしたいことを付けるだけで、さまざまなことが伝えられます。

覚えましょう▶言ってみましょう
CD1 18+19

| 予約をしたいのですが。 | **I'd like to make a reservation.** アイド ライク トゥー メイク ア レザヴェイション |

パレードが見たいのですが。　**I'd like to see the parade.**
　　　　　　　　　　　　　アイド ライク トゥー スィー ザ パレイド

海に行きたいのですが。　**I'd like to go to the sea.**
　　　　　　　　　　　アイド ライク トゥー ゴウ トゥー ザ シー

ダイビングをやってみたいのですが。　**I'd like to try scuba diving.**
　　　　　　　　　　　　　　　　　アイド ライク トゥー トゥライ スクーバ ダイヴィング

テニスをしたいのですが。　**I'd like to play tennis.**
　　　　　　　　　　　　アイド ライク トゥー プレイ テニス

日の出が見たいのですが。　**I'd like to see the sunrise.**
　　　　　　　　　　　　アイド ライク トゥー スィー ザ サンライズ

スキーをしたいのですが。　**I'd like to go skiing.**
　　　　　　　　　　　　アイド ライク トゥー ゴウ スキーイング

リラックスしたいのですが。　**I'd like to relax.**
　　　　　　　　　　　　　アイド ライク トゥー リラックス

10 ～をしてもいいですか？
May I ～?
メイ アイ

⑨と同様、自分がしたいことを伝える表現ですが、これは相手に許可を求める意味を含みます。May I の後に、自分のしたいこと（動詞）を付ければOK。Can I ～? も使えますが、May I ～? のほうが丁寧な表現になります。

覚えましょう▶言ってみましょう

たばこを吸ってもいいですか？	**May I smoke?** メイ アイ スモーク
中に入ってもいいですか？	**May I come in?** メイ アイ カム イン
見てもいいですか？	**May I take a look?** メイ アイ テイク ア ルック
写真を撮ってもいいですか？	**May I take a picture?** メイ アイ テイク ア ピクチャ
指輪を見てもいいですか？	**May I see the ring?** メイ アイ スィー ザ リング
メニューをいただけますか？	**May I have a menu?** メイ アイ ハヴ ア メニュー
荷物を持ち込んでもいいですか？	**May I bring my bag?** メイ アイ ブリング マイ バグ
座席を倒してもいいですか？	**May I recline my seat?** メイ アイ リクライン マイ シート

丸暗記 12フレーズ

基本の10フレーズのほかにぜひ覚えておきたい定番フレーズがあります。単語の入れ替えは関係ないので、このまま覚えてしまいましょう。

覚えましょう ▶ 言ってみましょう
CD1 22・23

① Hello. — こんにちは。
② Pardon? — もう一度言ってもらえますか？
③ How long (does it take)? — どのくらいかかりますか？
④ How much (is it)? — いくらですか？
⑤ What time (is it)? — 何時ですか？
⑥ What do you recommend? — 何がおすすめですか？
⑦ Thank you. — ありがとう。
⑧ I'm sorry. — すみません。
⑨ I don't know. — わかりません（知りません）。
⑩ I see. — わかりました。
⑪ Yes, please. — はい、お願いします。
⑫ No, thank you. — いいえ、結構です。

ネイティブの定番応答 5フレーズ

私たちが発するフレーズに対して、ネイティブが返してくる定番フレーズがあります。これが聞き取れれば、会話がぐんとスムーズになります。

覚えましょう
CD1 24

① Sure. — わかりました。
② Certainly. — かしこまりました。
③ No problem. — 大丈夫です。
④ Just a second. — 少々お待ちください。
⑤ Go ahead. — どうぞ。

場面別会話編

INFLIGHT & AIRPORT
機内・空港編

楽しい旅の始まりは機内から。現地でアクティブに行動するためにも、できるだけリラックスして過ごしたいものです。外国系エアラインでも日本発着のフライトには日本語のわかる乗務員が勤務しているケースが多くなっていますが、まずはトラベル英会話の腕試しとして、簡単なフレーズを使ってコミュニケーションを図ってみましょう。

機内で

場所を聞く

❶ 私の座席はどこですか？
Where's **my seat**?
ウェアズ　マイ　シート

🔄 言い換え

化粧室	the restroom
	ザ　レストルーム
非常口	the emergency exit
	ジ　イマージェンシー　エグズィット

乗務員に用事を頼む

❷ 毛布をもらえますか？
Can I have a **blanket**?
キャナイ　ハヴ　ア　ブランケット

🔄 言い換え

日本語の新聞	Japanese newspaper
	ジャパニーズ　ニューズペイパァ
日本語の雑誌	Japanese magazine
	ジャパニーズ　マガズィーン
枕	pillow
	ピロウ
イヤホン	head set
	ヘッド　セット
入国カード	(an) immigration card
	アン　イミグレイション　カード

CD1 25

機内で ★

| 税関申告書 | **customs declaration**
カスタムズ ディクラレイション |

❸ この**荷物**を預かってもらえますか？
Would you keep this **baggage**?
ウッジュウ　　　キープ　ディス　　**バゲジ**

🔄 **言い換え**

コート	**coat** コウト
ジャケット	**jacket** ジャケット
バッグ	**bag** バグ
書類かばん	**briefcase** ブリーフケイス
箱	**box** バックス

📝 ひとくちメモ

入国カードと税関申告書

　機内で配られる入国の際に必要な書類は、主にこの2種類となります。日本語が併記されている場合もありますが、以下の単語を覚えておくと便利です。

- 苗字　family name
- 名前　first (given) name
- 男性　male
- 女性　female
- パスポート番号　passport number
- 生年月日　birth date
- 国籍　country of citizenship
- 居住国　country of residence
- 便名　flight number

機内・空港編 / ホテル編 / ダイニング編 / ショッピング編 / 観光編 / アクティビティ編 / トラブル編

機内食・飲み物を頼む

❹ 魚をお願いします。
Fish, please.
フィッシュ　プリーズ

言い換え	
ビーフ	Beef ビーフ
チキン	Chicken チキン
和食	Japanese food ジャパニーズ　フード
パスタ	Pasta パスタ
カレー	Curry カリー
麺類	Noodles ヌードゥルズ
特別食	Special meal スペシャル　ミール

ひとくちメモ

特別食について

　各航空会社では、宗教上や健康上の理由で通常の機内食が食べられない乗客のために、特別食を用意しています。代表的な特別食はベジタリアンミール（vegetarian meal）、糖尿病食（diabetic meal）、無グルテン食（gluten-free meal）など。このほかにもベビーミール（baby meal）やチャイルドミール（child meal）も用意されています。ただし特別食は事前予約が必要なので、あらかじめ航空会社に確認しておきましょう。

機内で ★

● 機内の単語

- **over-head compartment**
  オーバーヘッド コンパートメント
  荷物棚

- **reading light**
  リーディング ライト
  読書灯

- **blind**
  ブラインド
  ブラインド

- **window seat**
  ウィンドウ シート
  窓側座席

- **aisle seat**
  アイル シート
  通路側座席

- **seatbelt**
  シートベルト
  シートベルト

- **table**
  テイブル
  テーブル

- **foot rest**
  フット レスト
  フットレスト

- **call button**
  コール ボタン
  呼び出しボタン

- **life jacket**
  ライフ ジャケット
  救命胴衣

5 乗務員に What would you like to drink?（お飲み物は何になさいますか？）と聞かれたら…
ワット　ウッジュウ　ライクトゥー　ドリンク

赤ワインをお願いします。
Red wine, please.
レッド　ワイン　プリーズ

CD1 28

ビール	Beer ビア
白ワイン	White wine ワイト　ワイン
オレンジジュース	Orange juice オリンジ　ジュース
アップルジュース	Apple juice アプル　ジュース
コーラ	Cola コーラ
紅茶	Tea ティー
緑茶	Green tea グリーン　ティー
ミルクティー	Tea with milk ティー　ウィズ　ミルク
コーヒー	Coffee コフィ
ミルクと砂糖入りのコーヒー	Coffee with milk and sugar コフィ　ウィズ　ミルク　アンド　シュガァ
ミネラルウォーター	Mineral water ミネラル　ウォータァ

言い換え

機内で ★

定番フレーズ

ほかの乗客に頼む

CD1 29

- 座席を倒してもいいですか？
  May I recline my seat?
  メイ アイ リクライン マイ シート

- 席を代わってもらえませんか？
  Could we change seats?
  クッド ウィー チェンジ シーツ

- すみません（通してください）。
  Excuse me.
  エクスキューズ ミー

客室乗務員が言う

- シートベルトをお締めください。
  Please fasten your seatbelt.
  プリーズ ファスン ユア シートベルト

- お座席にお戻りください。
  Please return to your seat.
  プリーズ リターン トゥー ユア シート

- お座席の背をお戻しください。
  Please put your seat back up.
  プリーズ プット ユア シート バック アップ

- テーブルを折りたたんでください。
  Please fold your table away.
  プリーズ フォルド ユア テイブル アウェイ

到着空港で

トランジットと乗り継ぎ

1. 飛行機を降りることはできますか？
May I get off the plane?
メイ アイ ゲット オフ ザ プレイン

言い換え
- 機内に残る — stay on the plane
  スティ オン ザ プレイン
- 荷物を（機内に）残していく — leave my bag
  リーヴ マイ バグ

2. トランジットラウンジはどこですか？
Where's the transit lounge?
ウェアズ ザ トゥランズィト ラウンジ

言い換え
- 乗り継ぎカウンター — connecting flight counter
  コネクティング フライト カウンタァー
- 待合室 — waiting room
  ウエイティング ルーム
- 免税店 — duty-free shop
  デューティフリー ショップ

到着空港で

入国審査

3 審査官に What's the purpose of your visit?（訪問の目的は何ですか？）と聞かれたら…
ワッツ ザ パーパス オヴ ユア ヴィズィット

観光です。
Sightseeing.
サイトスィーイング

言い換え

友人の訪問	Visiting a friend ヴィズィティング ア フレンド
仕事	Business ビズネス
留学	To study トゥー スタディ

ひとくちメモ

トランジットと乗り継ぎの違い

　飛行機が目的地へ行く途中、給油などの目的でほかの空港に立ち寄ることをトランジット（transit）、別の便に乗り換えて目的地を目指す場合を乗り継ぎ（transfer：トランスファー）と言います。トランジットの場合、機内で待機することもありますが、一度飛行機を降りて空港内のラウンジなどで待つケースも。飛行機を降りる際にはトランジットパスが渡されるので、必ず受け取りましょう。一方、乗り継ぎの場合は、飛行機から降りて乗り継ぎカウンターへと向かいます。預けた荷物が目的地まで直接運ばれる場合を除いて、荷物をいったんターンテーブルで受け取ってから、乗り継ぎ便のチェックイン時に再び預け直します。

4 審査官に How long are you going to stay？（滞在期間はどのくらいですか？）
ハウ ロング アー ユー ゴウイング トゥー ステイ
と聞かれたら…

3日間です。
Three days.
スリー　デイズ

言い換え

4日間	Four days
	フォー デイズ
5日間	Five days
	ファイヴ デイズ
1週間	One week
	ワン ウィーク
2週間	Two weeks
	トゥー ウィークス
1ヵ月間	One month
	ワン マンス

5 審査官に Where are you going to stay?（どこに滞在しますか？）と聞かれたら…
ウェア アー ユー ゴウイング トゥー ステイ

グランドホテルです。
Grand Hotel.
グランド　ホウテル

言い換え

友人宅	My friend's house
	マイ フレンズ ハウス
親戚宅	My relative's house
	マイ レラティヴズ ハウス
大学の寮	College dormitory
	カレッジ ドーミトリィ

到着空港で ★

6 審査官に What's your occupation?（ご職業は何ですか？）と聞かれたら…
ワッツ　ユア　オキュペイション

システムエンジニアです。
System engineer.
システム　　　エンジニア

言い換え

公務員	Government employee ガヴァメント　インプロイー
会社員（事務職）	Office worker オフィス　ワーカー
会社員（営業職）	Salesperson セールズパースン
店員	Store clerk ストア　クラーク
看護士	Nurse ナース
農業経営者	Farmer ファーマー
主婦	Housewife ハウスワイフ
学生	Student スチューデン
定年退職者	I'm retired アイム　リタイアド

荷物の受け取り

7 荷物の受取所はどこですか？
Where's the **baggage claim**?
ウェアズ　ザ　**バゲジ　クレイム**

🔄 言い換え

48便のターンテーブル : carousel for Flight 48
キャルセル　フォー　フライト　フォーティエイト

ロストバゲッジ
（紛失手荷物）の窓口 : counter for lost baggage
カウンター　フォー　ロスト　バゲジ

ロストバゲッジの窓口で

8 係員にWhat type of baggage do you have?（どんなタイプの荷物ですか？）と聞かれたら…
ワット　タイプ　オヴ　バゲジ　ドゥ　ユー　ハヴ

紺色のスーツケースです。
Dark blue suitcase.
ダーク　ブルー　スートケイス

🔄 言い換え

シルバーの : Silver
スィルヴァ

茶色の : Brown
ブラウン

黒の : Black
ブラック

革製の : Leather
レザァ

大型の : Large
ラージ

小型の : Small
スモール

到着空港で ★

税関審査

9 審査官に Do you have anything to declare? (何か申告するものはありますか?) と聞
ドゥー　ユー　ハヴ　エニスィング　トゥー　ディクレア
かれたら…

ウイスキーを1本持っています。
A bottle of whisky.
ア　ボトル　オヴ　ウィスキィ

言い換え

タバコを1カートン	A carton of cigarettes
	ア　カートン　オヴ　スィガレッツ
ワインを2本	Two bottles of wine
	トゥー　ボトルズ　オヴ　ワイン
日本酒を1本	A bottle of sake
	ア　ボトル　オヴ　サケ

ひとくちメモ

手荷物が見つからなかったら

　出発空港で預けた手荷物がターンテーブルから出てこなかった場合には、窓口でロストバゲッジの手続きをします。チェックイン時に手渡された手荷物の引換証（クレイムタグ）を提示し、色や形、サイズなど、できるだけ具体的に説明しましょう。手荷物は空港に到着次第、指定先の場所に配達されるので、滞在先のホテル名など連絡先を伝えておきます。誤って別の便に載せられてしまった場合には、手元に届くまで日数がかかることもあるため、貴重品だけでなく、1～2日分の着替えや、日常の必需品（常用薬や洗面用具）は、最初から機内持ち込みにしておくと安心です。

⑩ 審査官に Please open your suitcase. What's this?（スーツケースを開けてください。これは何ですか？）と聞かれたら…

身の回りのものです。
My personal belongings.
プリーズ オープン ユア スーツケイス ワッツ ディス
マイ　　パーソナル　　ビローンギングズ

友人へのお土産	Gifts for my friend.
日本のスナック菓子	Japanese snack.
梅干	Pickled plums.
インスタントラーメン	Instant noodles.
常用薬	Regular prescription.
胃薬	Stomach medicine.
テレビゲーム	Video game.

言い換え

CD1 33

通貨を両替する

⑪ 両替所はどこですか？
Where's the exchange counter?
ウェアズ　ジ　エクスチェインジ　カウンタァー

公認両替商	authorized moneychanger
銀行	bank

言い換え

到着空港で ★

⑫ (これを)**米ドル**に替えてください。
US dollars, please.
ユーエス　ダラーズ　　プリーズ

言い換え

ユーロ	Euros	ユウロズ
オーストラリアドル	Australian dollars	オーストラリアン　ダラーズ
英国ポンド	British pounds	ブリティシュ　パウンズ
元（中国） ❗ 中国風の発音で renminbi（人民元）と呼ぶこともある	Yuan	ユアン
ウォン（韓国）	Won	ウォン
現金（トラベラーズ・チェックを換金するとき）	Cash	キャッシュ

⑬ **領収書**をもらえますか？
Can I have **a receipt**?
キャナイ　ハヴ　**ア　リスィート**

言い換え

小銭	small change	スモール　チェインジ
（いくらかの）硬貨	some coins	サム　コインズ
1ドル札	one-dollar bills	ワンダラー　ビルズ
両替証明書	a certificate for the exchange	ア　サーティフィケイト　フォー　ジ　エクスチェインジ

機内・空港編

ホテル編

ダイニング編

ショッピング編

観光編

アクティビティ編

トラブル編

空港から市内へ

① タクシー乗り場はどこですか？
Where's the taxi stand?
ウェアズ　ザ　**タクスィ　スタンド**

🔄 言い換え

地下鉄駅	subway station サブウェイ　ステイション
バス乗り場	bus stop バス　ストップ
レンタカーのカウンター	rent-a-car counter レンタカー　カウンタァー
切符売り場	ticket office ティケト　オフィス

② ダウンタウン行きのバスはありますか？
Is there a bus that goes downtown?
イズ　ゼア　ア　**バス**　ザット　ゴーズ　　ダウンタウン

🔄 言い換え

電車	train トゥレイン
急行電車	express train エクスプレス　トゥレイン
地下鉄	subway サブウェイ
シャトルバス	shuttle bus シャトゥル　バス

そのほかのお役立ち単語

到着	arrival アライヴル
出発	departure ディパーチャー
入国管理	immigration イミグレイション
荷物の受取所	baggage claim バゲジ クレイム
税関	customs カスタムズ
検疫	quarantine クウォランティーン
チェックインカウンター	check-in counter チェックイン カウンターァー
セキュリティチェック	security check セキュリティ チェック
ゲート	gate ゲイト
旅客ターミナル	passenger terminal パセンジャー ターミナル
ロッカー	baggage compartment バゲジ コンパートメント
遺失物取扱窓口	lost & found ロスト アンド ファウンド
離陸	takeoff テイクオフ
着陸	landing ランディング

搭乗券	boarding pass (ボーディング パス)
便名	flight number (フライト ナンバァ)
出発時間	departure time (ディパーチャー タイム)
到着時間	arrival time (アライヴル タイム)
現地時間	local time (ロウカル タイム)
飛行時間	flying time (フライング タイム)
時差	time difference (タイム ディファレンス)
気温	temperature (テンパラチュア)
目的地	destination (デスティネイション)
定刻	on time (オン タイム)
遅延	delay (ディレイ)
トランジット	transit (トゥランズィト)
乗り継ぎ	transfer (トゥランスファー)
為替レート	exchange rate (エクスチェインジ レイト)

HOTEL
ホテル編

旅の快適さを大きく左右するのがホテルです。日本人旅行者は、ホテルでのリクエストや不満を現地で言わずに日本に持ち帰ってきてしまう傾向にありますが、正当な主張はその場ですべき。ホテルでの滞在が快適なものになれば、旅の満足度もぐんと上がることでしょう。

フロントで

施設の場所を聞く

① レストランはどこですか？
Where's the **restaurant**?
ウェアズ　ザ　**レストラン**

言い換え

化粧室	restroom レストルーム
非常口	emergency exit イマージェンシー　エグズィット
コーヒーショップ	coffee shop コフィ　ショップ
エレベーター	elevator エレヴェイタァ
エスカレーター	escalator エスカレイタァ
階段	stairs ステアズ
バー	bar バー
メインダイニング	main dining room メイン　ダイニング　ルーム

フロントで ★

● ホテルロビーの単語

concierge
カンスィアージ
コンシェルジュ

doorman
ドーマン
ドアマン

receptionist
リセプショニスト
レセプショニスト

reception
リセプション
フロントデスク

cashier
キャシア
キャッシャー

lobby
ロビィ
ロビー

bellboy
ベルボウイ
ベルボーイ

housekeeping staff
ハウスキーピング スタフ
客室係

用事を頼む

② **チェックイン**したいのですが。
I'd like to **check in**.
アイド ライク トゥー チェック イン

チェックアウトする（言い換え）	check out / チェック アウト
予約する	make a reservation / メイク ア レザヴェイション
キャンセルする	cancel / キャンスル
外出する	go out / ゴウ アウト
インターネットを使う	use the Internet / ユーズ ジ インタネット
Eメールをチェックする	check my e-mail / チェック マイ イーメイル
ファクスを送る	send a fax / センド ア ファクス
部屋を替える	change the room / チェンジ ザ ルーム
国際電話をかける	make an international call / メイク アン インタナショナル コール
現金で払う	pay by cash / ペイ バイ キャシュ
カードで払う	pay by card / ペイ バイ カード
もう1泊する	stay one more night / ステイ ワン モア ナイト

フロントで ★

3 **部屋につけて**もらえますか？
Would you **charge it to my room**?
ウッジュウ　　　　チャージ　イット　トゥー　マイ　ルーム

言い換え

貴重品を預かる	**keep my valuables** キープ　マイ　ヴァリュアブルズ
荷物を預かる	**keep my baggage** キープ　マイ　バゲジ
タクシーを呼ぶ	**call a taxi** コール　ア　タクシー
手を貸す	**help me** ヘルプ　ミー

4 **カギ**をもらえますか？
Can I have a **key**?
キャナイ　ハヴ　ア　**キー**

言い換え

地図	**map** マップ
領収書	**receipt** リスィート
絵葉書	**postcard** ポウストカード

機内・空港編 | ホテル編 | ダイニング編 | ショッピング編 | 観光編 | アクティビティ編 | トラブル編

施設の有無を聞く

❺ テニスコートはありますか？
Is there a **tennis court**?
イズ　ゼア　ア　**テニス　コート**

プール（言い換え）	swimming pool スゥイミング　プール
スパ	spa スパ
ジム	gym ジム
ビジネスセンター	business center ビズネス　センター
サウナ	sauna サウナ
美容室	beauty salon ビューティー　サロン
ギフトショップ	gift shop ギフト　ショップ
宴会場	banquet hall バンクウェット　ホール
会議室	meeting room ミーティング　ルーム
自動販売機	vending machine ヴェンディング　マシーン
製氷機	(an) ice dispenser アン　アイス　ディスペンサァ

客室で

電話で用事を頼む

① ドライクリーニングをお願いします。
Dry cleaning, please.
ドゥライ　クリーニング　　　プリーズ

言い換え

ランドリー	Laundry ローンドゥリィ
（アイロンの）プレス	Press プレス
モーニングコール	Wake-up call ウェイクアップ　コール

❗ 時間を伝えるときには、Wake-up call at seven, please.（7時にモーニングコールをお願いします）のように言います。

ひとくちメモ

朝寝坊したいときには…？

客室のドアの内側には、「Do not disturb.」と「Make up this room.」というメッセージが裏表に書かれたカードが下がっているはずです。Do not disturb. というのは「起こさないでください」という意味。遅くまで寝ていたいとき、部屋でゆっくりしていたいときには、これを表にしてドアの外にかけておきましょう。一方、通常の掃除のほかに、とくに掃除をお願いしたいときには、Make up this room. と書かれているほうを表にしてかけておきましょう。

機内・空港編 / ホテル編 / ダイニング編 / ショッピング編 / 観光編 / アクティビティ編 / トラブル編

❷ ヘアドライヤーを使いたいのですが。
Can I have a **hair dryer**?
キャナイ ハヴ ア **ヘア ドゥライア**

言い換え		
	変圧器	converter コンヴァーター
	アイロン	(an) iron アン アイアン
	タオルをもう一枚	(an) extra towel アン エクストゥラ タウル
	毛布をもう一枚	(an) extra blanket アン エクストゥラ ブランケット

❸ コンチネンタルブレックファストをお願いします。
May I have **a continental breakfast**?
メイ アイ ハヴ **ア コンティネントゥル ブレックファスト**

言い換え		
	アメリカンブレックファスト	an American breakfast アン アメリカン ブレクファスト
	スクランブルエッグ	scrambled eggs スクランブルド エッグズ
	目玉焼き	fried eggs フライド エッグズ
	ペストリー	a pastry ア ペイストリー
	ヨーグルト	yogurt ヨグート
	シリアル	cereal シィリアル

④ 8時にお願いします。
At **eight**, please.
アット **エイト** プリーズ

🔄 **言い換え**

7時半	seven-thirty
	セブン　サーティ
10時15分	ten-fifteen
	テン　フィフティーン
正午	noon
	ヌーン

ひとくちメモ

朝食をオーダーするとき

　ホテルで朝食をオーダーするときに覚えておくと便利なのが、卵とポテトのメニューです。通常、目玉焼きは fried egg と言いますが、over easy（両面焼き）と区別して sunny-side up（片面焼き）と言う場合もあります。

卵の調理方法
- スクランブルエッグ　　scrambled egg
- 目玉焼き　　　　　　　fried egg
- ポーチドエッグ　　　　poached egg　❶ スープの中に卵を割り落として白身をゆるく固めた状態のもの
- ゆで卵　　　　　　　　boiled egg
- オムレツ　　　　　　　omelet

ポテトの調理方法
- ベイクドポテト　　　　baked potato
- マッシュドポテト　　　mashed potato
- フライドポテト　　　　French fries / French fried potatos
- ハッシュブラウン　　　hash browns　❶ 茹でてきざんだジャガイモを揚げたもの

● 客室の単語

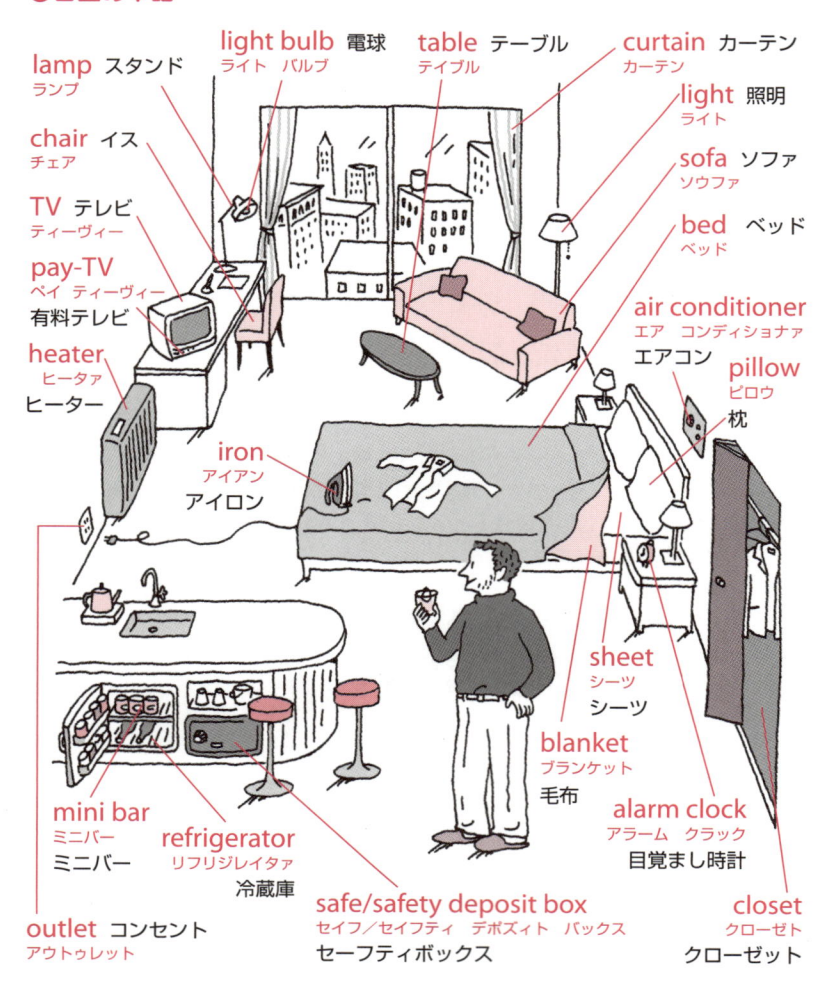

- **lamp** スタンド / ランプ
- **light bulb** 電球 / ライト バルブ
- **table** テーブル / テイブル
- **curtain** カーテン / カーテン
- **light** 照明 / ライト
- **chair** イス / チェア
- **sofa** ソファ / ソウファ
- **TV** テレビ / ティーヴィー
- **bed** ベッド / ベッド
- **pay-TV** 有料テレビ / ペイ ティーヴィー
- **air conditioner** エアコン / エア コンディショナァ
- **heater** ヒーター / ヒータァ
- **pillow** 枕 / ピロウ
- **iron** アイロン / アイアン
- **sheet** シーツ / シーツ
- **blanket** 毛布 / ブランケット
- **mini bar** ミニバー / ミニバー
- **refrigerator** 冷蔵庫 / リフリジレイタァ
- **alarm clock** 目覚まし時計 / アラーム クラック
- **closet** クローゼット / クロゼット
- **outlet** コンセント / アウトゥレット
- **safe/safety deposit box** セーフティボックス / セイフ／セイフティ デポズィット バックス

CD1 42 客室で ★

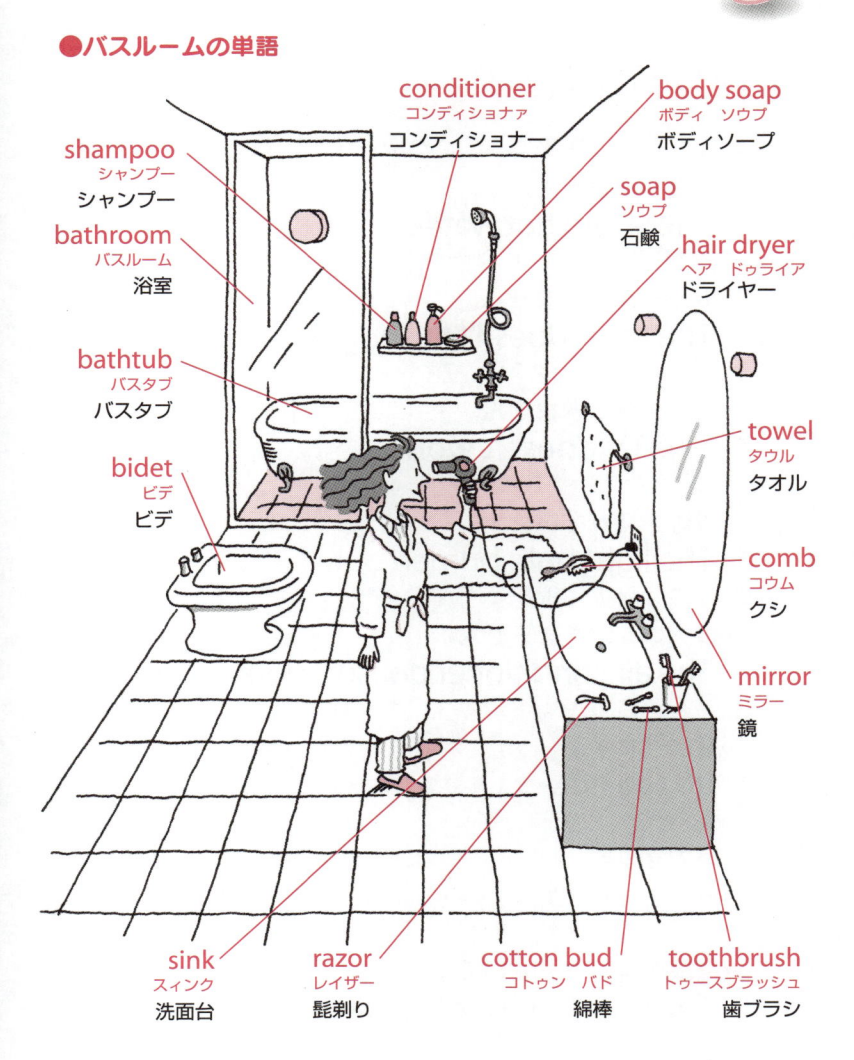

●バスルームの単語

conditioner
コンディショナァ
コンディショナー

body soap
ボディ ソウプ
ボディソープ

shampoo
シャンプー
シャンプー

soap
ソウプ
石鹸

bathroom
バスルーム
浴室

hair dryer
ヘア ドゥライア
ドライヤー

bathtub
バスタブ
バスタブ

bidet
ビデ
ビデ

towel
タウル
タオル

comb
コウム
クシ

mirror
ミラー
鏡

sink
スィンク
洗面台

razor
レイザー
髭剃り

cotton bud
コトゥン バド
綿棒

toothbrush
トゥースブラッシュ
歯ブラシ

45

定番フレーズ

困ったときに言う

- お湯が出ません。
  There's no hot water.
  ゼアズ　ノー　ホット　ウォータァ

- トイレが流れません。
  The toilet doesn't flush.
  ザ　トイレット　ダズント　フラッシュ

- テレビがつきません。
  The TV doesn't work.
  ザ　ティーヴィー　ダズント　ワーク

- 電球が切れています。
  The light bulb burned out.
  ザ　ライト　バルブ　バーンド　アウト

- エアコンがききません。
  The air conditioner doesn't work.
  ジ　エア　コンディショナァ　ダズント　ワーク

- 暑すぎます。
  It's too hot.
  イッツ　トゥー　ホット

- 寒すぎます。
  It's too cold.
  イッツ　トゥー　コールド

- 部屋がタバコくさいです。
  The room smells of smoke.
  ザ　ルーム　スメルズ　オヴ　スモーク

- カギを部屋の中に置いてきてしまいました。
I left the key in my room.
アイ レフト ザ キー イン マイ ルーム

ひとくちメモ

客室タイプあれこれ

ホテルの客室には、次のようなさまざまなタイプがあります。客室はパッケージツアーにすでに組み込まれているか、個人で手配する場合にも日本から予約していくことが多いかもしれませんが、言い方を知っておくと何かと便利。ちなみに、部屋のタイプをリクエストするときは、Do you have a twin room?（ツインルームはありますか？）のように言います。

●シングルルーム	single room
●ダブルルーム	double room
●ツインルーム	twin room
●トリプルルーム	triple room
●禁煙室	non-smoking room
●障害者用客室	handicapped room
●コネクティングルーム	connecting room
●スイート	suite
●バス付きの部屋	room with a bath
●シャワー付きの部屋	room with a shower
●海の見える部屋	room with an ocean view
●海に面した部屋	room with an ocean front
●山の見える部屋	room with a mountain view
●庭の見える部屋	room with a garden view
●街の見える部屋	room with a city view
●もっと安い部屋	less expensive room
●ドミトリー	dormitory

そのほかのお役立ち単語

満室	no vacancy	ノウ ヴェイカンスィー
空室あり	vacant	ヴェイカント
前金	deposit	デポズィット
客室料金	room rate	ルーム レイト
税金	tax	タックス
サービス料	service charge	サーヴィス チャージ
別料金	extra charge	エクストゥラ チャージ
1泊あたり	per night	パー ナイト
1室あたり	per room	パー ルーム
宿泊カード	registration card	レジストゥレイション カード
外線電話	outside call	アウトサイド コール
市内通話	local call	ロウカル コール
長距離電話	long-distance call	ロング ディスタンス コール
ターンダウン	turndown	ターンダウン

❗ ホテルのサービスのひとつで、夕刻にベッドメイクや掃除などをしてくれる

伝言	message	メッセイジ
1階	first floor (米)	ファースト フロー
	ground floor (英)	グラウンド フロー
2階	second floor (米)	セカンド フロー
	first floor (英)	ファースト フロー
中2階	mezzanine	メザニン
地下	basement	ベイスメント

DINING
ダイニング編

海外旅行の楽しみのひとつは食べること。その土地ならではのおいしいものを存分に楽しむためにも、自分の食べたいものを相手にきちんと伝える必要があります。単語を自在に使って、おいしい食事を楽しんでください。海外ならではのマナーも知っておけば、会話も、よりスムーズになることでしょう。

店を探す

① 日本食レストランはありますか？
Is there a Japanese restaurant?
イズ　ゼア　ア　ジャパニーズ　　レストラン

言い換え

フランス料理レストラン	French restaurant フレンチ　レストラン
イタリア料理レストラン	(an) Italian restaurant アン　イタリャン　レストラン
中国料理レストラン	Chinese restaurant チャイニーズ　レストラン
韓国料理レストラン	Korean restaurant コリアン　レストラン
インド料理レストラン	(an) Indian restaurant アン　インディアン　レストラン
メキシコ料理レストラン	Mexican restaurant メクスィカン　レストラン
スペイン料理レストラン	Spanish restaurant スパァニッシュ　レストラン
シーフードレストラン	seafood restaurant シーフード　レストラン
地元料理のレストラン	local food restaurant ロウカル　フード　レストラン
ステーキハウス	steak house ステイク　ハウス

レストランで

注文する

■メニューを頼む

1. メニューをいただけますか？
May I have a menu?
メイ アイ ハヴ ア メニュー

言い換え		
	日本語メニュー	menu in Japanese メニュー イン ジャパニーズ
	ワインリスト	wine list ワイン リスト
	ランチメニュー	lunch menu ランチ メニュー
	子供用メニュー	kid's menu キッズ メニュー
	デザートメニュー	dessert menu ディザート メニュー

■ 食前の飲み物を頼む

❷ オレンジジュースをお願いします。
Orange juice, please.
オリンジ　ジュース　プリーズ

🔄 言い換え

赤ワインをグラスで	A glass of red wine ア　グラス　オヴ　レッド　ワイン
白ワインをボトルで	A bottle of white wine ア　ボトゥル　オヴ　ワイト　ワイン
地ビール	Local beer ロウカル　ビア
生ビール	Draft beer ドゥラフト　ビア
ジンジャーエール	Ginger ale ジンジャ　エル
リンゴジュース	Apple juice アプル　ジュース
グレープジュース	Grape juice グレイプ　ジュース
レモネード	Lemonade レマネイド
アイスティー	Iced tea アイストゥ　ティー
ミネラルウォーター	Mineral water ミネラル　ウォータァ

CD1 46

■スープを頼む

3 コーンスープをお願いします。
Corn soup, please.
コーン　スープ　プリーズ

ポタージュ	Potage ポタージュ
コンソメ	Consomme コンソメイ
クリームスープ	Cream soup クリーム　スープ
オニオングラタンスープ	French onion soup フレンチ　アニョン　スープ
野菜スープ	Vegetable soup ヴェジタブル　スープ
クラムチャウダー	Clam chowder クラム　チャウダ
ミネストローネ	Minestrone ミネストロウネ
チキンヌードルスープ	Chicken noodle soup チキン　ヌードゥル　スープ
ヴィシソワーズ ❗じゃがいもの冷たいスープ	Vichyssoise ヴィシソワズ
ガスパチョ ❗夏野菜の冷たいスープ	Gazpacho ガスパチョ
本日のスープ	Soup of the day スープ　オヴ　ザ　デイ

■ サラダを頼む

④ シーザーサラダをお願いします。
Caesar salad, please.
スィーザ　　サラド　　　プリーズ

言い換え

ミックスサラダ	Mixed salad ミクストゥ　サラド
グリーンサラダ	Green salad グリーン　サラド
シーフードサラダ	Seafood salad シーフード　サラド
フルーツサラダ	Fruit salad フルート　サラド
ポテトサラダ	Potato salad ポテイトウ　サラド
タラモサラダ ❶ マッシュポテトにタラコ、レモン汁を加えたギリシャ風サラダ	Taramo salad タラモ　サラド
ほうれん草のサラダ	Spinach salad スピニチ　サラド
コールスロー	Coleslaw コールスロウ
シェフ特製サラダ	Chef's salad シェフズ　サラド

レストランで ★

■ドレッシングを選ぶ

⑤ **フレンチドレッシング**でお願いします。
French dressing, please.
フレンチ　　　ドゥレスィング　　プリーズ

言い換え

イタリアンドレッシング	Italian dressing イタリャン　ドゥレスィング
サウザンドアイランドドレッシング	Thousand island dressing サウザンド　アイランド　ドゥレスィング
ブルーチーズドレッシング	Blue cheese dressing ブルー　チーズ　ドゥレスィング
ハニーマスタードドレッシング	Honey mustard dressing ハニィ　マスタァド　ドゥレスィング
特製ドレッシング	House dressing ハウス　ドゥレスィング

55

■ メインディッシュ（肉類）を頼む

❻ ローストビーフをお願いします。
Roast beef, please.
ロウスト　ビーフ　プリーズ

言い換え

ローストポーク	Roast pork ロウスト　ポーク
ビーフシチュー	Beef stew ビーフ　ステュー
ビーフストロガノフ	Beef stroganoff ビーフ　ストロガナフ
ポークチョップ	Pork chop ポーク　チョップ
チキンのあぶり焼き	Broiled chicken ブロイルド　チキン
ステーキ	Steak ステイク
サーロイン	Sirloin サァーロイン
テンダーロイン	Tenderloin テンダァロイン
リブロース	Rib eye roll リブ　アイ　ロウ
Tボーン	T-bone ティボウン
フィレミニオン	Filet mignon フィレミニオン
プライムリブ	Prime rib プライム　リブ

【ステーキの焼き方】

ミディアム	Medium ミーディアム
レア（生焼けの）	Rare レア
ウェルダン（よく焼けた）	Well-done ウェル ダン
ミディアム・レア	Medium-rare ミーディアム レア

■ メインディッシュ（魚貝類）を頼む

7 サケのステーキをお願いします。
Salmon steak, please.
サモン　　　ステイク　　　プリーズ

🔄 言い換え

舌ビラメのムニエル	Sole à la meuniére ソウル ア ラ ムニエル
メカジキのあぶり焼き	Broiled swordfish ブロイルド ソードゥフィッシュ
ロブスター・テルミドール ❗ロブスターにクリームソースとチーズをかけて焼いたもの	Lobster thermidor ロブスタァ テルミドゥ
魚のフライ	Fried fish フライド フィッシュ

■ 各国の料理を頼む

8 エスカルゴをお願いします。
Escargot, please.
エスコウゴ　　　プリーズ

【フランス料理】

キッシュ 言い換え ❶ チーズやハム、野菜、魚介などを使ったパイ	Quiche キーシュ
グラタン	Gratin グラタン
ポトフ	Pot-au-feu ポトフ
ブイヤベース	Bouillabaisse ヴイヤベース

【イタリア料理】

カルパッチョ	Carpaccio カルパチョ
ブルスケッタ ❶ 焼いたフランスパンの上にトマトなどをのせた前菜	Bruschetta ブルスケト
ピザ	Pizza ピーツァ
パスタ	Pasta パスタ
リゾット	Risotto リゾット
ペスカトーレ	Pescatore ペスカトレ
アラビアータ	Arrabbiata アラビアタ

【中国料理】

北京ダック	**Peking duck** ペキン ダック
炒飯（チャーハン）	**Fried rice** フライド ライス
飲茶（ヤムチャ）	**Dim sum** ディム サム
春巻	**Spring roll** スプリング ロウル
水餃子	**Steamed dumpling** スティームドゥ ダンプリング

【メキシコ料理】

タコス	**Tacos** ターコウス
ブリトー	**Burrito** ブリタウ
エンチラーダ ❶ 肉を詰めたトウモロコシパンにチリソースをかけたもの	**Enchilada** エンチェラーダ
ファヒータ	**Fajita** ファヒータ

【スペイン料理】

トルティージャ	**Tortilla** トルティア
パエリア	**Paella** パエリャ
チョリソ	**Chorizo** チャリゾ

■ 調味料を頼む

⑨ しょうゆはありますか？
Do you have soy sauce?
ドゥ ユー ハヴ ソイ ソース

塩 (言い換え)	salt ソールト
砂糖	sugar シュガァ
コショウ	pepper ペパァ
ウスターソース	Worcester sauce ウスタァ ソース
チリソース	chili sauce チリ ソース
ホワイトソース	white sauce ワイト ソース
オリーブオイル	olive oil アリブ オイル
わさび	wasabi ワサビ
酢	vinegar ヴィネガァ
タバスコ	tabasco タバスコウ

レストランで ★

■食後の飲み物を頼む

⑩ コーヒーをお願いします。
Coffee, please.
コフィ　プリーズ

アイスコーヒー（言い換え）	Iced coffee アイストゥ　コフィ
紅茶	Tea ティー
ミルクティー	Tea with milk ティー　ウィズ　ミルク
レモンティー	Tea with lemon ティー　ウィズ　レモン
カプチーノ	Cappuccino カプチーノ
カフェオレ	Café au lait カフェ　オ　レイ
アイリッシュコーヒー	Irish coffee アイリッシュ　コフィ
エスプレッソ	Espresso エスプレッソウ
ココア	Cocoa / Hot chocolate コウコウ／ホット　チョコリトゥ
中国茶	Chinese tea チャイニーズ　ティー
緑茶	Green tea グリーン　ティー

機内・空港編　ホテル編　ダイニング編　ショッピング編　観光編　アクティビティ編　トラブル編

■ デザートを頼む

11 アイスクリームをお願いします。
Ice cream, please.
アイス　クリーム　プリーズ

言い換え	フルーツ	Fruit フルート
	シャーベット	Sherbet シャーベットゥ
	プリン	Pudding プディング
	ゼリー	Jelly ジェリ
	ムース	Mousse ムース
	ババロア	Bavarian cream バーヴァリアン　クリーム
	サンデー	Sundae サンディ
	クレープ	Crepe クレイプ
	スコーン	Scone スコン
	ケーキ	Cake ケイク
	アップルパイ	Apple pie アプル　パイ
	スフレ	Souffle スーフレイ

CD1 52 レストランで ★

● **レストランの単語**

chef
シェフ
シェフ

waiter
ウェイタァ
ウェイター

waitress
ウェイトレス
ウェイトレス

napkin
ナプキン
ナプキン

knife ナイフ
ナイフ

spoon スプーン
スプーン

fork
フォーク
フォーク

glass
グラス
グラス

cup
カップ
カップ

plate
プレイト
皿

extra plate
エクストラ プレイト
取り皿

63

料理の素材について聞く

■野菜

⑫ これは**ジャガイモ**ですか？
Is this **potato**?
イズ ディス　ポテイトウ

言い換え

きゅうり	cucumber キューカンバァ
なす	eggplant エグプラント
にんじん	carrot キャロト
キャベツ	cabbage キャベジ
レタス	lettuce レタス
ピーマン	green pepper グリーン　ペパァ
たまねぎ	onion アニオン
トマト	tomato トメイトウ
大根	radish ラディッシュ
マッシュルーム	mushroom マッシュルーム
ほうれん草	spinach スピナッチ

ズッキーニ	zucchini ズキーニ
セロリ	celery セルリィ
アスパラガス	asparagus アスパラガス
ブロッコリー	broccoli ブラコリィ
カリフラワー	cauliflower カリフラワ
パセリ	parsley パースリィ
アーティチョーク	artichoke アーティチョウク
長ねぎ	leek リーク
グリーンピース	pea ピー
トウモロコシ	corn コーン
カボチャ	pumpkin パンプキン
サツマイモ	sweet potato スウィート ポテイトウ
豆	bean ビーンズ

■ フルーツ

⑬ これは**イチゴ**ですか？
Is this **strawberry**?
イズ ディス　**ストゥローベリィ**

CD1 54

言い換え		
	リンゴ	apple アプル
	バナナ	banana バナナ
	メロン	melon メロン
	ブルーベリー	blueberry ブルーベリ
	ラズベリー	raspberry ラァズベリィ
	ブドウ	grape グレイプ
	オレンジ	orange オリンジ
	モモ	peach ピーチ
	スイカ	watermelon ウォータメロン
	マンゴー	mango マンゴウ
	パパイヤ	papaya パパイア
	パイナップル	pineapple パイナプル

レストランで ★

キウイ	kiwi キーウィ
ココナッツ	coconut ココナト
洋ナシ	pear ペア
アンズ	apricot アプリカット

[リクエストする]

⑭ 禁煙席をお願いします。

Non smoking table, please.
ノン　　スモーキング　テイブル　　プリーズ

言い換え

喫煙席	Smoking table スモーキング　テイブル
窓際の席	Table by the window テイブル　バイ　ザ　ウィンドウ
お勘定	Check チェック
支払いを別々に	Separate checks セパレイト　チェックス

定番フレーズ

レストランで言う

- 予約はできますか？
  Can I make a reservation?
  キャナイ　メイク　ア　レザヴェイション

- クレジットカードは使えますか？
  Can I use a credit card?
  キャナイ　ユーズ　ア　クレディト　カード

- 領収書をもらえますか？
  Can I have a receipt?
  キャナイ　ハヴ　ア　リスィート

店員が言う

- ご注文はお決まりですか？
  Are you ready to order?
  アー　ユー　レディ　トゥー　オーダー

- お飲み物はいかがですか？
  Anything to drink?
  エニスィング　トゥー ドゥリンク

- ステーキの焼き加減はどうしますか？
  How would you like your steak?
  ハウ　ウッジュウ　ライク　ユア　ステイク

- デザートはいかがですか？
  Would you like some dessert?
  ウッジュウ　ライク　サム　ディザート

- いかがですか？
 How is everything?
 ハウ　イズ　エヴリスィング

- 問題はないですか？
 Is everything OK?
 イズ　エヴリスィング　オウケイ

- ほかに何かございますか？
 Anything else?
 エニスィング　エルス

ひとくちメモ

欧米のレストランのサービス

　欧米のレストランでは、テーブルによって担当スタッフが決まっており、席の案内から注文、精算まで同じスタッフが担当します。食事の途中で何度か様子をうかがいにくるのも欧米のレストランならでは。「いかがですか？（How is everything?）」と聞かれたら、「大丈夫です。ありがとう。（Fine, thank you.）」などのひと言を。問題がある場合は、遠慮なくリクエストを伝えましょう。

　また、多くの場合、精算はレジではなくテーブルに座ったまま済ませます。担当スタッフを呼んで伝票をもらい、金額を確認した後、伝票と一緒にキャッシュやクレジットカードをテーブルに置きましょう。サービス料が必要な国では、10〜15％ほどのチップを加えるのを忘れずに。ただし、伝票の金額にサービス料が含まれていたら、チップを置く必要はありません。

☞ メニューの読み方

① 前菜。Starter という場合もある

② 本日のおすすめスープ

③ テーブルサイドで2人分のサラダを用意

④ すべてのステーキメニューは、35ドルの追加料金でロブスターテールを追加できるということ。Surf & Turf ならステーキとエビの盛り合わせ料理を意味する

⑤ 時価のこと

⑥ 野菜など付け合せ料理のこと

⑦ 自家製のこと

⑧ レギュラーかカフェイン抜きかを選ぶ

⑨ ホットかアイスかを選ぶ

Menu

Appetizer ①
・Shrimp Cocktail	$10
・House Smoked Salmon	$8
・Mediterranean Mussels	$12

Soup & Salad
・French Onion Soup	$8
・Soup of the Day ②	$6
・Caesar Salad	$15

*Prepared Tableside for Two Persons ③

Meat
・Rib Eye Steak	$20
・Prime Filet Mignon	$25
・Grilled Pork Chops	$22

*All steaks can surf: Add a Lobster tail for $35 ④

Seafood
・Live Maine Lobster	Market Price ⑤
・Grilled Atlantic Salmon	$20
・Grilled Pacific Swordfish	$25

Side ⑥
・Steamed Asparagus	$8
・Baked Potato	$6
・Green Beans	$7

Dessert
・⑦ Homemade Vanilla Bean Ice Cream	$8
・Coconut & Chocolate Cream Pie	$7
・Chocolate Fudge Cake	$7

Beverage
・Coffee (Regular or Decaffeinated) ⑧	$5
・Tea (Hot or Iced) ⑨	$5
・Espresso	$6
・Cappuccino	$6

ファーストフード店で

[注文する]

1 ハンバーガーをください。
Can I have a **hamburger**?
キャナイ　ハヴ　ア　　　ハンバーガァ

言い換え	チーズバーガー	cheeseburger チーズバーガァ
	ホットドッグ	hot dog ホット　ドッグ
	ピザ	pizza ピーツァ
	コーヒー	hot coffee ホット　コフィ
	コカコーラ	Coke コウク

2 フライドポテトをください。
French fries, please.
フレンチ　フライズ　　　　プリーズ

言い換え	チキンナゲット	Chicken nuggets チキン　ナゲッツ
	フライドチキン	Fried chicken フライド　チキン
	オニオンリング	Onion rings アニョン　リングズ

ドリンクのサイズを選ぶ

3 **M サイズ**でお願いします。
Medium, please.
ミーディアム　　　プリーズ

言い換え

S サイズ	**Small** スモール
L サイズ	**Large** ラージ
ショート	**Short** ショート
レギュラー	**Regular** レギュラ
トール	**Tall** トール

❶ S＜M＜Lというサイズ表示の仕方に対して、Short＜Regular＜Tallという表示もある

リクエストする

4 **ケチャップ**をつけてください。
With **ketchup**, please.
ウィズ　　ケチャプ　　プリーズ

言い換え

マスタード	**mustard** マスタードゥ
マヨネーズ	**mayonnaise** メイオネイズ
サワークリーム	**sour cream** サワ　クリーム

72

定番フレーズ

ファーストフード店で言う

CD1 58

店員に For here or to go?（こちらで召し上がりますか、それともお持ち帰りですか？）と
　　　フォー　ヒア　オア トゥー ゴウ
聞かれたら…

- ここで食べます。
  For here.
  フォー　ヒア

- 持ち帰ります。
  To go.
  トゥー　ゴウ

ひとくちメモ

主なファーストフード店名

- マクドナルド　　　　　　　　McDonald's
- ケンタッキーフライドチキン　　Kentucky Fried Chicken / KFC
- ウェンディーズ　　　　　　　Wendy's
- バーガーキング　　　　　　　Burger King
- アービーズ　　　　　　　　　Arby's
- サブウェイ　　　　　　　　　Subway
- タコベル　　　　　　　　　　Taco Bell
- ピザハット　　　　　　　　　Pizza Hut

バーで

注文する

1 生ビールをお願いします。
Draft beer, please.
ドゥラフト ビア　プリーズ

言い換え

ラガー	Lager ラガ
エール（ホップの強い辛口）	Ale エル
ビター（こくと苦味の強い味）	Bitters ビターズ
赤ワイン（をグラスで）	A glass of red wine ア グラス オヴ レッド ワイン
白ワイン（をグラスで）	A glass of white wine ア グラス オヴ ワイト ワイン
ロゼワイン（をグラスで）	A glass of rosé wine ア グラス オヴ ロウゼイ ワイン
スパークリングワイン（をグラスで）	A glass of sparkling wine ア グラス オヴ スパークリング ワイン
シャンパン（をグラスで）	A glass of champagne ア グラス オヴ シャンペイン
シェリー（をグラスで）	A glass of sherry ア グラス オヴ シェリィ
ポートワイン（をグラスで）	A glass of port wine ア グラス オヴ ポート ワイン

バーで ★

ウイスキーの水割り	Whiskey and water	ウィスキィ アンド ウォータァ
ウイスキーのオンザロック	Whiskey on the rocks	ウィスキィ オン ザ ロックス
ウイスキーのシングル	Single whiskey	スゥイングル ウィスキィ
ウイスキーのダブル	Double whiskey	ダブル ウィスキィ
ブランデー	Brandy	ブランディ
コニャック	Cognac	コニャク
スコッチ	Scotch	スカッチ
バーボン	Bourbon	バーバン
ウォッカ	Vodka	ヴォドカ
ジン	Gin	ジン
ラム酒	Rum	ラム
ジントニック	Gin and tonic	ジン アンド トニク
ジンフィズ	Gin fizz	ジン フィズ
ダイキリ	Daiquiri	ダイキリ
マイタイ	Mai-Tai	マイ タイ

② マティーニをお願いします。
Martini, please.
マティニ　　　プリーズ

言い換え

チチ	Chi-chi チチ
マンハッタン	Manhattan マンハタン
モスコミュール	Moscow mule モスコウ　ミュウ
ソルティードッグ	Salty dog ソゥルティ　ドッグ
カンパリソーダ	Campari soda カンパリ　ソーダ
キールロワイヤル	Kir royal キー　ロイアル
ミネラルウォーター	Mineral water ミネラル　ウォータァ
トニックウォーター（炭酸水）	Tonic water トニク　ウォータァ
もう一杯 ❶同じものをおかわりするときに使う	Another one アナザァ　ワン

バーで ★

リクエストする

3 ジンベースのものはありますか？
Do you have **something with gin**?
ドゥー ユー ハヴ　　サムスィング　　ウィズ　ジン

言い換え

| ウォッカベースのもの | **something with vodka** |
| | サムスィング　ウィズ　ヴォドカ |

甘口のもの **something sweet**
サムスィング　スウィート

辛口のもの **something dry**
サムスィング　ドゥライ

フルーティーなもの **something fruity**
サムスィング　フルーティ

アルコールの弱いもの **something light**
サムスィング　ライト

何かつまめるもの **anything to eat**
エニスィング　トゥー　イート

ひとくちメモ

バーやクラブでの服装

　レストラン同様、バーやクラブの中には、服装に気を使わなければならない店もあります。とはいっても、よほど高級でない限り、男性は襟付きのシャツとズボン、女性はある程度ドレッシーなら、スカートでもパンツスタイルでも問題ないでしょう。
　なお、欧米では未成年の入店を禁止している店が多く、身分証の提示を求められることがあります。「May I see your ID card?（身分証明書を見せていただけますか？）」といわれたら、パスポート等を提示しましょう。

そのほかのお役立ち単語

（油で）揚げた	fried フライド	詰め物にした	stuffed スタッフト
（オーブンで）焼いた	baked ベイクド	小間切れにした	chopped チャップト
網焼きにした	grilled グリルド	甘い	sweet スゥート
ソテーした	sautéed ソウテイド	苦い	bitter ビタァ
茹でた	boiled ボイルド	辛い	hot ホット
煮込んだ	stewed ステュード	すっぱい	sour サウア
蒸した	steamed スティームド	しょっぱい	salty ソールティ
燻製にした	smoked スモークトゥ	香辛料の効いた	spicy スパイスィ
生の	raw ロー	水分の多い	juicy ジュースィー
冷製の	chilled チルド	風味のある	tasty テイスティー
酢漬けの	pickled ピクルドゥ	クリーム状の	creamy クリーミィ
薄切りにした	sliced スライスト	冷たい	cold コウルド
つぶした	mashed マッシュト	おいしい	delicious ディリシャス
溶かした	melted メルティド	濃い（強い）	strong ストゥロング

薄い（弱い）	weak ウィーク
軟らかい	soft ソフト
硬い	hard ハァード
コース料理	fixed menu フィックスト メニュー
一品料理	à la carte ア ラ カート
本日のおすすめ料理	today's special トゥデイズ スペシャル
食前酒	aperitif アペリティーフ
メインディッシュ	main dish メイン ディッシュ
注文する	order オーダァ
サービス料	service charge サーヴィス チャージ
税金	tax タックス
仔牛肉	veal ヴィール
羊肉	mutton マトゥン
仔羊肉	lamb ラム
鴨	duck ダック
七面鳥	turkey ターキィ
マグロ	tuna トゥーナ
タラ	cod カッド
スズキ	bass バス
マス	trout トゥラウト
ヒラメ	flatfish フラットフィッシュ
舌ビラメ	sole ソウル
カレイ	flounder フラウンダァ
イワシ	sardine サーディーン
サバ	mackerel マケレル
カツオ	bonito ボニートウ
メカジキ	swordfish ソードゥフィッシュ
ニシン	herring ヘリング
ニジマス	rainbow trout レインボウ トゥラウトゥ
カニ	crab クラブ

日本語	English	カナ
イカ	squid	スクウィッド
タコ	octopus	オクトパス
小エビ	shrimp	シュリンプ
車エビ	prawn	プローン
アサリ	baby clam	ベイビー クラム
ハマグリ	clam	クラム
ホタテ	scallop	スカロプ
カキ	oyster	オイスタァ
ウニ	sea urchin	スィー アーチン
ムール貝	mussels	マセルズ
アワビ	abalone	アバロウニ
キャビア	caviar	キャヴィア
アンチョビ	anchovy	アンチョヴィ
テリーヌ	terrine	テリヌ
ベーコン	bacon	ベイクン
ハム	ham	ハァム
ソーセージ	sausage	ソーセッヂ
サラミ	salami	サラーミィ
パン	bread	ブレッドゥ
ロールパン	roll	ロウル
クロワッサン	croissant	クルワソン
フランスパン	French bread	フレンチ ブレッドゥ
マフィン	muffin	マフィン
ピタ	pita	ピタァ

❶ 丸く平たいパンで、半分に切って中の空洞部分に肉や野菜などの具を詰めて食べる

ベーグル	bagel	ベイグル
パンケーキ	pancake	パァンケイク
ドーナッツ	doughnut	ドーナトゥ
バター	butter	バタァ
ジャム	jam	ヂァム

SHOPPING
ショッピング編

ほしいものを手に入れる第一歩は、お店探し。スーパーでドリンクやスナックを買う、デパートで化粧品を探す、ブティックで人気ブランドのバッグを購入するなど、目的が決まれば、あとは必要な単語をチェック！　買い物に、難しいフレーズは不要です。

店を探す

ショッピング・スポットを探す

① 免税店はどこですか？
Where's a **duty-free shop**?
ウェアズ ア デューティーフリー ショップ

スーパーマーケット	supermarket スーパーマーケット
デパート	department store ディパートゥメント ストー
コンビニ	convenience store コンヴィーニエンス ストー
ショッピングモール	shopping mall ショピング モール
ショッピング街	shopping district ショピング ディストゥリクトゥ
アウトレットモール	(an) outlet mall アン アウトゥレット モール
市場	market マーケット
ドラッグストア	drugstore ドラグストー
土産物屋	souvenir store スーヴェニア ストー
ブランド店	brand store ブランドゥ ストー

専門店を探す

② 書店はありますか？
Is there a **bookstore**?
イズ ゼア ア　ブックストー

食料品店	grocery store グロウサリィ　ストー
靴屋	shoe store シュー　ストー
カバン屋	bag shop バグ　ショップ
宝石店	jewelry shop ジュエリー　ショップ
カメラ屋	camera shop キャメラ　ショップ
食器店	tableware shop テイブルウエア　ショップ
酒屋	liquor store リカァ　ストー
おもちゃ屋	toy store トイ　ストー
文具店	stationery shop ステイショナリィ　ショップ
スポーツ用品店	sporting goods shop スポーティング　グッズ　ショップ
骨董品店	(an) antique shop アン アンティーク　ショップ
パン屋	bakery ベイカリィ

③ 薬局はありますか？
Is there a **pharmacy**?
イズ　ゼア　ア　**ファーマスィ**

言い換え		
花屋	**florist / flower shop** フローリスト／フラワー ショップ	
菓子屋	**confectionery** コンフェクショナリィ	
CDショップ	**CD shop** スィーディー　ショップ	
メガネ屋	**(an) optician** アン　オプティシャン	
宝石店	**jeweler's** ジューエラーズ	
時計店	**watch store** ウォッチ　ストー	

デパートで

[売り場を尋ねる]

1 婦人服はどこですか？
Where's women's clothing?
ウェアズ　　　ウィミンズ　　　クローズィング

CD1 63

紳士服	men's clothing メンズ　クローズィング
子供服	children's clothing チルドレンズ　クローズィング
婦人靴	women's shoes ウィミンズ　シューズ
紳士靴	men's shoes メンズ　シューズ
かばん	handbag / luggage ハンドゥバグ／ラゲージ
スポーツウェア	sportswear スポーツウェア
アウトドア用品	outdoor products アウトゥドー　プロダクツ
ガーデニング用品	garden supplies ガーデン　サプライズ
ギフト＆お土産物	gifts & souvenirs ギフツ　アンド　スーヴェニアズ
家具	furniture ファーニチァ
化粧品	cosmetics カズメティクス

言い換え

[施設を探す]

❷ **サービスカウンター**を探しています。
I'm looking for the **service counter**.
アイム　ルッキング　フォー　ザ　**サーヴィス　カウンター**

言い換え		
	化粧室	restroom レストルーム
	エレベーター	elevator エレヴェイタァ
	エスカレーター	escalator エスカレイタァ
	電話	telephone テレフォウン

[洋服を買う]

■ 種類

❸ **ジャケット**はありますか？
Do you have **jackets**?
ドゥー　ユー　ハヴ　**ジャケッツ**

言い換え		
	カーディガン	cardigans カーディガンズ
	セーター	sweaters スウェタァズ
	トレーナー	sweatshirts スウェットシャーツ
	ドレス、ワンピース	dresses ドゥレセズ

ブラウス	blouses ブラウセス
ポロシャツ	polo shirts ポウロウ　シャーツ
Tシャツ	T-shirts ティーシャーツ
アロハシャツ	aloha shirts アロウハ　シャーツ
スラックス	slacks スラックス
ジーンズ	jeans ジーンズ
チノパン	chinos チーノウズ
スカート	skirts スカーツ
ブレザー	blazers ブレイザーズ
コート、上着	coats コウツ
レインコート	raincoats レインコウツ
トレンチコート	trench coats トレンチ　コウツ
水着	swimsuits スウィムスーツ

■色

4 (これで)赤はありますか？
Do you have red?
ドゥー ユー ハヴ レッド

【色】

言い換え		
	黄色	yellow イェロウ
	緑	green グリーン
	青	blue ブルー
	ピンク	pink ピンク
	オレンジ	orange オリンジ
	紺	navy ネイヴィ
	黒	black ブラック
	白	white ワイト
	水色	light blue ライト ブルー
	紫	purple パープル
	グレー	gray グレイ
	茶	brown ブラウン

デパートで ★

こげ茶	dark brown ダーク ブラウン
ベージュ	beige ベイジ
カーキ	khaki カーキィ
からし色	mustard マスタァド
暗い色	dark color ダーク カラ
明るい色	bright color ブライト カラ

ひとくちメモ

ショッピングのマナー

　売り場で店員さんから「Hello!」と声をかけられたら、「Hello!」と挨拶しましょう。専門店などでは、黙って入店して勝手に商品を手に取ったり、挨拶を無視してそのまま出て行ったりするのはマナー違反。また、店頭にはサンプルのみを出している店もあるので、ほしいものが見当たらなかったら店員さんに聞いてみましょう。奥から出してきてくれることもあります。

● 洋服の柄の単語

mosaic pattern
モザイク パタン
モザイク模様

dots
ドッツ
水玉

checkered
チェッカード
チェック

flower pattern
フラウア パタン
花柄

paisley design
ペイズリィ デザイン
ペーズリー柄

stripe
ストライプ
縞

animal print
エニモル プリント
アニマルプリント

デパートで ★

■デザイン

⑤ Vネックをください。
V-neck, please.
ヴィーネック　プリーズ

丸首	**Round neck** ラウンド　ネック
ハイネック	**High neck** ハイ　ネック
スクエアネック	**Square neck** スクウェア　ネック
❶首のつけ根あたりから四角く切りとられた形のネックライン	
半袖	**Short sleeve** ショート　スリーヴ
長袖	**Long sleeve** ロング　スリーヴ
七部袖	**Three-quarter sleeve** スリークウォーター　スリーヴ
袖なし	**Sleeveless** スリーヴレス
襟付き	**With collar** ウィズ　カラー

■ サイズ

⑥ Sサイズをください。
Small, please.
スモール　　プリーズ

🔄 Mサイズ 言い換え	Medium ミーディアム
Lサイズ	Large ラージ
LLサイズ	Extra large エクストゥラ　ラージ
（これより）小さいもの	Smaller スモーラ
（これより）大きいもの	Larger ラージャ
（これより）長いもの	Longer ロンガー
（これより）短いもの	Shorter ショーター

■素材

7 これは**シルク**ですか？
Is this **silk**?
イズ ディス スィルク

綿 (言い換え)	cotton コトゥン
麻	linen リネン
ナイロン	nylon ナイロン
ウール	wool ウル
ポリエステル	polyester ポリエスタァ
レーヨン	rayon レイアン
アクリル	acrylic アクリリック
革	leather レザァ
羊革	sheepskin シープスキン
スウェード	suede スウェイド
カシミア	cashmere キャシミア
毛皮	fur ファー

定番フレーズ

店員に言う

- 見ているだけです。
  Just looking.
  ジャスト ルッキング

- 後でまた来ます。
  I'll come back later.
  アイル カム バック レイタァ

- あれを見せてもらえますか？
  （手の届かないところやショーウインドー内にあるものなど）
  May I see that?
  メイ アイ スィー ザット

- これを試着できますか？
  Can I try this on?
  キャナイ トゥライ ディス オン

- これをください。
  I'll take this.
  アイル テイク ディス

- それをください。
  I'll take it.
  アイル テイク イット

店員が言う

- いらっしゃいませ。
  May I help you?
  メイ アイ ヘルプ ユー

- 何かお探しですか？
  Are you looking for something special?
  アー ユー ルッキング フォー サムスィング スペシャル

- こちらはいかがですか？
  How about this?
  ハウ アバウト ディス

- サイズはいかがですか？
  Does it fit well?
  ダズ イット フィット ウエル

- （お支払いは）現金ですか、カードですか？
  Cash or card?
  キャッシュ オア カード

- ここにサインをお願いします。
  （クレジットカードを使用したとき）
  Sign here, please.
  サイン ヒア プリーズ

バッグ・靴を買う

❽ ハンドバッグを探しています。
I'm looking for a **handbag**.
アイム　ルッキング　フォー　ア　**ハンドゥバグ**

🔄 言い換え ショルダーバッグ	shoulder bag ショウルダァ　バグ
トートバッグ	tote bag トウト　バグ
デイパック	day pack ディ　パック
リュック	backpack バックパック
書類カバン	briefcase ブリーフケイス
短期旅行用カバン	overnighter オーバーナイタァ
スーツケース	suitcase スートケイス
ボストンバッグ	Boston bag ボストン　バグ

9 スポーツシューズはありますか？
Do you have **sports shoes**?
ドゥー ユー ハヴ **スポーツ シューズ**

言い換え パンプス	pumps パンプス
ハイヒール	high heels ハイ ヒールズ
ローファー	loafers ロウファズ
ブーツ	boots ブーツ
サンダル	sandals サンドゥルズ
ミュール	mules ミュールズ
スニーカー	sneakers スニーカァズ
トレッキングシューズ	trekking shoes トレッキング シューズ
長ぐつ	rain boots レイン ブーツ

アクセサリー・時計を買う

■種類

10 指輪を見てもいいですか？
May I see the ring?
メイ アイ スィー ザ リング

言い換え	
ペンダント	pendant ペンダント
ネックレス	necklace ネクレス
チョーカー	choker チョウカ
イヤリング	earrings イアリングズ
ピアス	pierced earrings ピアスト イアリングズ
ブレスレット	bracelet ブレイスレト
バングル	bangle バングル
アンクレット	anklet アンクレット
ブローチ	brooch ブロウチ
ネクタイピン	tie pin タイ ピン
カフスボタン	cuff links カフ リンクス

時計	watch
	ウォッチ
懐中時計	pocket watch
	ポケト　ウォッチ
デジタル時計	digital watch
	ディジトゥル　ウォッチ
機械時計	mechanical watch
	メカニカル　ウォッチ

ひとくちメモ

主な人気ブランド名

●ヨーロッパのブランド

Armani	アルマーニ
Bally	バリー
Burberry	バーバリー
Bvlgari	ブルガリ
Cartier	カルティエ
Celine	セリーヌ
Chanel	シャネル
Christian Dior	クリスチャン・ディオール
Dolce & Gabbana	ドルチェ＆ガッバーナ
Dunhill	ダンヒル
Fendi	フェンディ
Ferragamo	フェラガモ
Gucci	グッチ
Hermes	エルメス
Lacoste	ラコステ
Louis Vuitton	ルイ・ヴィトン
Loewe	ロエベ
Prada	プラダ
Valentino	ヴァレンティノ
Versace	ヴェルサーチ
Yves Saint Laurent	イヴ・サンローラン

●アメリカのブランド

Anna Sui	アナスイ
Brooks Brothers	ブルックスブラザーズ
Calvin Klein	カルバンクライン
Coach	コーチ
Cole Haan	コールハーン
Donna Karan	ダナキャラン
Polo/Ralph Lauren	ポロ／ラルフローレン
Tiffany	ティファニー

■素材

11 金製をください。
Gold, please.
ゴゥルド　プリーズ

言い換え		
純金	Pure gold	ピュア　ゴゥルド
18金	18 carat gold	エイティーン　キャラット　ゴゥルド
銀	Silver	スィルヴァ
プラチナ	Platinum	プラティナム
パール(真珠)	Pearl	パール
ダイアモンド	Diamond	ダイアモンド
トルコ石	Turquoise	ターコイズ
ヒスイ	Jade	ジェィド
サンゴ	Coral	コーラル
水晶	Crystal	クリストゥル

小物・雑貨を買う

⑫ **財布**はありますか？
Do you have **wallets**?
ドゥー　ユー　ハヴ　**ワレッツ**

ハンカチ（言い換え）	handkerchiefs ハンカチーフス
スカーフ	scarves スカァヴズ
ネクタイ	ties タイズ
小銭入れ	purses パーセス
手袋	gloves グラヴズ
傘	umbrellas アンブレラズ
折り畳み傘	folding umbrellas フォウルディング　アンブレラズ
帽子	hats ハッツ
野球帽	caps キャップス
ソックス	socks ソックス
ストッキング	panty hoses / stockings パンティ ホウズィーズ／ストッキングス
サングラス	sunglasses サングラスィーズ

デパートで ★

機内・空港編 / ホテル編 / ダイニング編 / ショッピング編 / 観光編 / アクティビティ編 / トラブル編

⓭ テーブルクロスはありますか？
Do you have **tablecloths**?
ドゥー　ユー　ハヴ　**テイブルクローズ**

アロマキャンドル ❶エッセンシャルオイルなどで香りをつけたキャンドル	**aromatic candles** アロマティック　キャンドルズ
ランチョンマット	**place mats** プレイス　マッツ
壺	**pots** ポッツ
ポプリ ❶乾燥させた花びらにエッセンシャルオイルなどで香りをつけたもの	**potpourri** ポゥプリー
お香	**incense** インセンス
写真立て	**photo stands** フォト　スタンズ

化粧品を買う

■ 種類

⓮ **化粧水**をください。
Lotion, please.
ロウション　プリーズ

乳液	**Milky lotion** ミルキィ　ロウション

クレンジングクリーム	Cleansing cream クレンズィング クリーム
モイスチャークリーム	Moisture cream モイスチャ クリーム
ファンデーション	Foundation ファウンデイション
アイシャドー	Eye shadow アイ シャドウ
口紅	Lipstick リプスティク
リップクリーム	Lip balm リプ バーム
マスカラ	Mascara マスキャラ
アイライナー	Eyeliner アイライナ
香水	Perfume パーヒューム
オーデコロン	Eau de cologne オウ デ コロン
マニキュア	Manicure マニキュア
除光液	Nail enamel remover ネイル イナメル リムウヴァ

■ 素材・用途

⑮ 美白化粧品はありますか？
Do you have skin lightening cosmetics?
ドゥー　ユー　ハヴ　スキン　ライトニン　カズメティクス

言い換え

自然化粧品	natural cosmetics ナチュラル　カズメティクス
オイルフリー化粧品	oil-free cosmetics オイルフリー　カズメティクス
植物性化粧品	botanical cosmetics ボタニクル　カズメティクス
無香料化粧品	fragrance-free cosmetics フレイグランスフリー　カズメティクス
男性用化粧品	men's cosmetics メンズ　カズメティクス
乾燥肌用化粧品	cosmetics for dry skin カズメティクス　フォー　ドゥライ　スキン
脂性肌用化粧品	cosmetics for oily skin カズメティクス　フォー　オイリ　スキン
敏感肌用化粧品	cosmetics for sensitive skin カズメティクス　フォー　センスィティヴ　スキン

デパートで ★

文具を買う

16 **ボールペン**を探しています。
I'm looking for a **ball-point pen**.
アイム　ルッキング　フォー ア　**ボールポイント　ペン**

鉛筆 （言い換え）	pencil ペンスル
色鉛筆	colored pencil カラード　ペンスル
クレヨン	crayon クレイオン
万年筆	fountain pen ファウントゥン　ペン
便箋	writing pad ライティン　パッド
封筒	(an) envelope アン　エンヴェロウプ
ペーパーウエイト	paperweight ペイパーウエイト
ペーパーナイフ	paper knife ペイパー　ナイフ
ノート、手帳	notebook ノウトブック
消しゴム	(an) eraser アン　イレイサー
メモ帳	notepad ノウトパッド
グリーティングカード	greeting card グリーティン　カード

機内・空港編 / ホテル編 / ダイニング編 / ショッピング編 / 観光編 / アクティビティ編 / トラブル編

105

17 カレンダーを探しています。
I'm looking for a **calendar**.
アイム　ルッキング　フォー　ア　**キャレンダー**

CD1 75

言い換え

ホチキス ❶ ホチキスは発明者の名前。英語では使われない。	stapler ステープラー
セロテープ	Scotch tape スコッチ　テイプ
のり	glue グルー
付箋紙 ❶ ポストイット (Post-it) は商品名	sticky note / post-its スティッキー ノウツ／ポウスト イッツ

おもちゃを買う

18 トランプはありますか？
Do you have **playing cards**?
ドゥー　ユー　ハヴ　**プレイング　カーズ**

言い換え

ミニカー	toy cars トイ　カーズ
組み立てブロック	building-blocks ビルディングブロックス
レゴ	Lego レゴ
絵本	picture books ピクチャ　ブックス

飛び出す絵本	pop-up books ポッパプ ブックス
ぬいぐるみ	stuffed animals スタッフト エニモルズ
人形	dolls ドールズ
凧	kites カイツ
積み木	wooden blocks ウドゥン ブロックス
鉄道模型	model trains モデル トゥレインズ
ゲームソフト	game software ゲーム ソフトウェア
パズル	puzzles パズルズ
フィギュア	figures フィギャーズ

リクエストする

⑲ 別々に包んでもらえますか。
Would you **wrap them separately**?
ウッジュウ　　ラップ　　ゼム　　セパレイトリィ

一緒に包む (言い換え)	wrap them together ラップ　ゼム　トゥゲザー
ギフト用に包む	gift-wrap it ギフトラップ　イット
箱に入れる	put it in a box プット　イット　イン　ア　バックス
紙袋に入れる	put it in a paper bag プット　イット　イン　ア　ペイパー　バグ
値札をとる	take off the price tags テイク　オフ　ザ　プライス　タグズ
値引きする	give me a discount ギヴ　ミー　ア　ディスカウント

スーパーで

日用品を買う

❶ 歯磨き粉を探しています。
I'm looking for **toothpaste**.
アイム　ルッキング　フォー　トゥースペイスト

スーパーで ★

言い換え	歯ブラシ	a toothbrush ア トゥースブラッシュ
	髭剃り	a shaver ア シェイヴァー
	シェイビングフォーム	shaving foam シェイヴィング フォーム
	石けん	soap ソウプ
	シャンプー	shampoo シャンプー
	洗剤	detergent ディタージェント
	洗濯洗剤	laundry soap ローンドリィー ソウプ
	コンタクトレンズの洗浄液	contact lens cleaner コンタクト レンズ クリーナー
	ティッシュペーパー	tissues ティシューズ
	日焼け止め	sunscreen サンスクリーン
	電池	batteries バテリーズ
	フィルム	film フィルム
	生理用ナプキン	sanitary napkins サニテリィ ナプキンズ
	紙おむつ	disposable diapers ディスポーザブル ダイパーズ

食品を買う

2 スナック食品を探しています。
I'm looking for **snack food**.
アイム　ルッキング　フォー　**スナックフード**

ミネラルウォーター（言い換え）	mineral water ミネラル　ウォータァ
ジュース	juice ジュース
牛乳	milk ミルク
キャンディー	candy キャンディー
チョコレート	chocolate チャコリトゥ
クラッカー	crackers クラカーズ
インスタントコーヒー	instant coffee インスタント　コフィ
紅茶	tea ティー
ハーブティー	herbal tea ハーバル　ティー
ミントティー	mint tea ミント　ティー
ジャスミンティー	jasmine tea ジャスミン　ティー
調味料	seasoning シーズニング

ひとくちメモ

スーパー活用法

　日用品や食料品がずらりと並ぶスーパーは、地元の人たちの暮らしに触れる格好のスポット。大型スーパーでは衣類から化粧品、文具までそろっているので、手軽なお土産品を探すのにも便利です。ただ、店舗によっては大きなバッグやリュックなどの店内持ち込みを禁止しており、入口で預けることになる場合もあるので、貴重品はすぐに取り出せるようにしておきましょう。また、レジの中には少量の商品を買う人が長い時間待たなくてもよいように「Express Line（エクスプレスライン）」を設けているところもあります。「5 Items or Less（商品5点以下）」などの表示があるので、それを確認し、購入する品数が少ないときにレジが混み合っていたら、そちらを利用するのも一手です。精算時に「Do you need a plastic bag?（ビニール袋は必要ですか？）」と聞かれることがあるので、これも覚えておきましょう。

● スーパーの単語

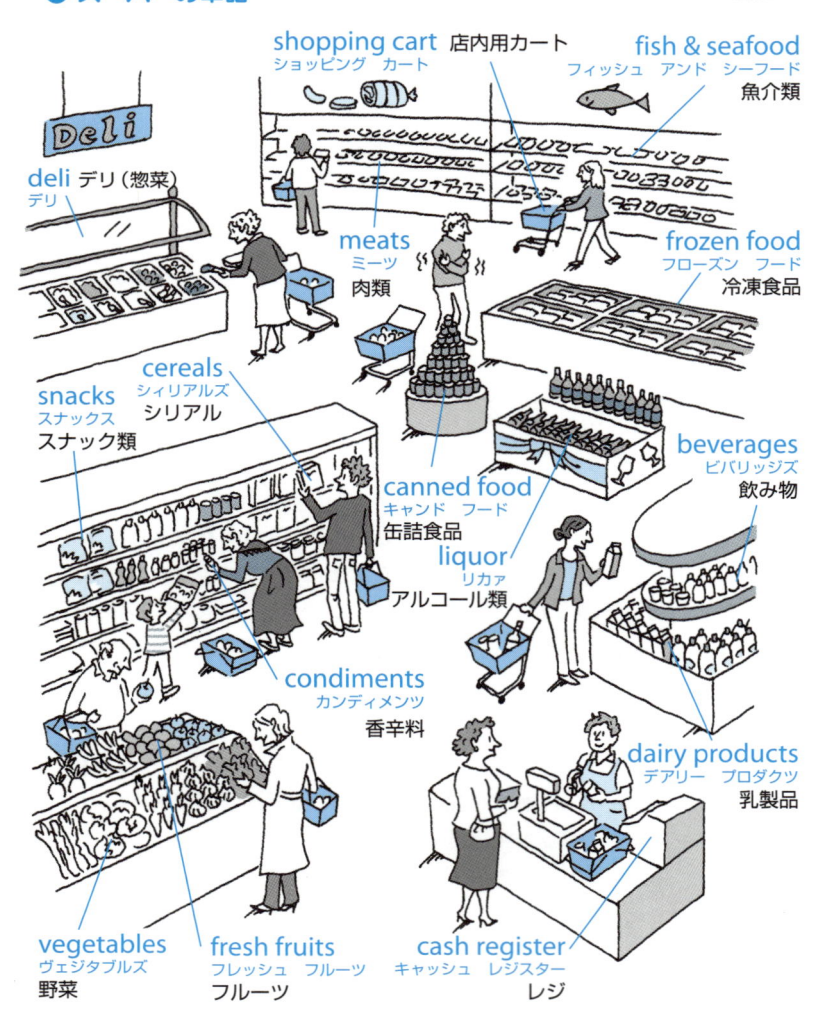

shopping cart ショッピング カート 店内用カート

fish & seafood フィッシュ アンド シーフード 魚介類

deli デリ デリ（惣菜）

meats ミーツ 肉類

frozen food フローズン フード 冷凍食品

snacks スナックス スナック類

cereals シィリアルズ シリアル

canned food キャンド フード 缶詰食品

beverages ビバリッジズ 飲み物

liquor リカァ アルコール類

condiments カンディメンツ 香辛料

dairy products デアリー プロダクツ 乳製品

vegetables ヴェジタブルズ 野菜

fresh fruits フレッシュ フルーツ フルーツ

cash register キャッシュ レジスター レジ

SIGHTSEEING
観光編

せっかく訪れた海外ですから、見たかったものをぜひその目で見て、触れたかったものに触れて帰ってきてください。臆することなく、自分の要望を伝えてみましょう。簡単なフレーズだけでいろいろなことが伝えられますよ。

観光案内所で

情報を集める

① 地図をもらえますか？
May I have a **map**?
メイ アイ ハヴ ア **マップ**

言い換え	
地下鉄路線図	subway map サブウエイ マップ
市内の地図	city map スィティ マップ
パンフレット	brochure ブロシュア
時刻表	time table タイム テイブル

② 市内観光ツアーはありますか？
Is there a **city tour**?
イズ ゼア ア **スィティ トゥア**

言い換え	
観光ツアー	sightseeing tour サイトスィーイング トゥア
日帰り旅行	one-day excursion ワンデイ イクスカーション
1日ツアー	one-day tour ワンデイ トゥア

CD2 4

観光案内所で ★

半日ツアー	half-day tour
	ハーフデイ　トゥア
ナイトツアー	night tour
	ナイト　トゥア
バスツアー	bus tour
	バス　トゥア
ヘリコプターツアー	helicopter tour
	ヘリコプタァ　トゥア
郊外へのツアー	tour to the suburbs
	トゥア　トゥー　ザ　サバーブズ

希望を伝える

3 パレードが見たいのですが。
I'd like to see the parade.
アイド ライク トゥー スィー　ザ　**パレイド**

🔄 言い換え

祭り	festival
	フェスティヴァル
コンサート	concert
	コンサート
カーニバル	carnival
	カーニヴァル
展示	exhibition
	エクサビション
日の出	sunrise
	サンライズ
日の入り	sunset
	サンセット

❹ 海に行きたいのですが。
I'd like to go to the **sea**.
アイド ライク トゥー ゴウ トゥー ザ　**シー**

言い換え

渓谷	valley ヴァレイ
川	river リヴァ
湖	lake レイク
森	forest フォレスト
滝	waterfall ウォータフォール
火山	volcano ヴォルケイノウ
高原	highland ハイランド
砂漠	desert デザァト
氷河	glacier グレイシァ
海岸	beach ビーチ
半島	peninsula ペニンスラ
湾	bay ベイ
島	island アイランド

街で

観光スポットを探す

1 公園はありますか？
Is there a **park**?
イズ ゼア ア **パーク**

CD2 6

言い換え

庭園	garden (ガードゥン)
博物館	museum (ミューズィアム)
美術館	(an) art museum (アン アート ミューズィアム)
画廊	(an) art gallery (アン アート ギャラリィ)
劇場	theater (スィアタァ)
映画館	movie theater (ムーヴィ スィアタァ)
遊園地	(an) amusement park (アン アミューズメント パーク)
水族館	(an) aquarium (アン アクウェリアム)
動物園	zoo (ズー)
史跡	historical spot (ヒストリカル スポット)
市場	market (マーケット)

●通りの単語

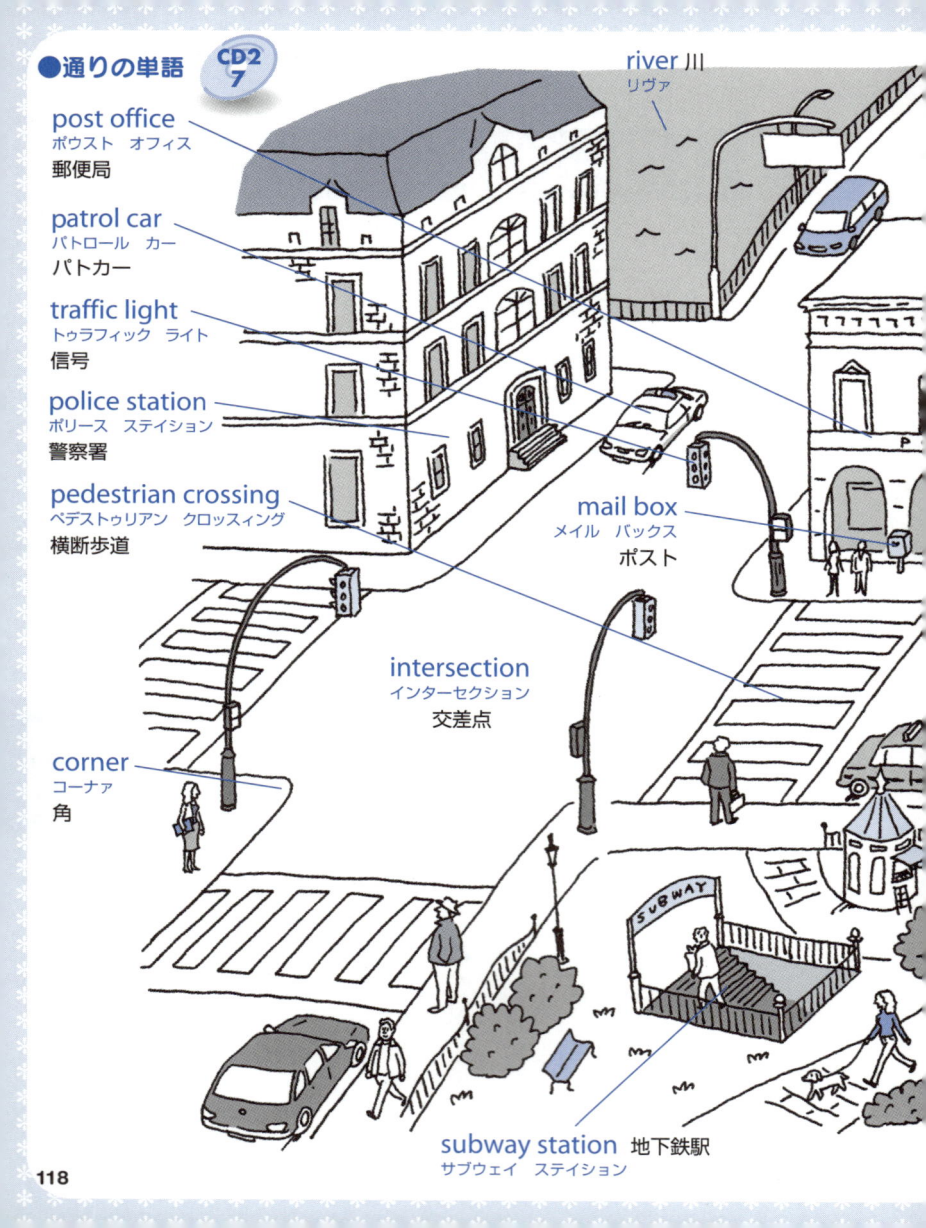

post office
ポウスト オフィス
郵便局

patrol car
パトロール カー
パトカー

traffic light
トゥラフィック ライト
信号

police station
ポリース ステイション
警察署

pedestrian crossing
ペデストゥリアン クロッスィング
横断歩道

corner
コーナァ
角

river 川
リヴァ

mail box
メイル バックス
ポスト

intersection
インターセクション
交差点

subway station 地下鉄駅
サブウェイ ステイション

bridge 橋
ブリッジ

fire department 消防署
ファイア ディパートゥメント

street 通り
ストゥリート

city hall 市役所
スィティ ホール

bus stop バス停
バス ストップ

taxi stand タクシー乗り場
タクスィ スタンド

fountain 噴水
ファウンタン

street lamp 街灯
ストゥリート ランプ

119

❷ 大聖堂を探しています。
I'm looking for the **cathedral**.
アイム　ルッキング　フォー　ザ　**カスィードゥラル**

🔄 教会 言い換え	church チャーチ
修道院	monastery モナスタリィ
城	castle キャスル
宮殿	palace パレス
寺院	temple テンプル
記念碑	monument モニュメント
彫像	statue スタチュ
墓地	cemetery セメタリィ
～の墓	grave of ～ グレイヴ　オヴ
～の生家	birthplace of ～ バースプレイス　オヴ
ショッピング街	shopping area ショッピング　エリア
植物園	botanical garden ボタニカル　ガードゥン
港	port / harbor ポート／ハーバー

観光スポットで

施設について聞く

1 入り口はどこですか？
Where's the entrance?
ウェアズ　ジ　**エントゥランス**

化粧室（言い換え）	restroom / レストルーム
エレベーター	elevator / エレヴェイタァ
エスカレーター	escalator / エスカレイタァ
チケットオフィス	ticket office / ティケト オフィス
出口	exit / エグズィット

❷ 手荷物を預かってくれる場所はありますか？
Do you have a **cloakroom**?
ドゥー ユー ハヴ ア **クロウクローム**

言い換え		
	ギフトショップ	gift shop ギフト ショップ
	コーヒーショップ	coffee shop コフィ ショップ
	休憩所	place to rest プレイス トゥー レスト
	館内ツアー	guided tour ガイディド トゥア
	日本語ガイド付きツアー	tour with a Japanese guide トゥア ウィズ ア ジャパニーズ ガイド

❸ 館内の案内図をもらえますか？
Can I have a **floor guide**?
キャナイ ハヴ ア **フロー ガイド**

言い換え		
	日本語のパンフレット	brochure in Japanese ブロシュア イン ジャパニーズ
	日本語の音声ガイド	Japanese audio guide device ジャパニーズ オウディオ ガイド ディヴァイス

観光スポットで ★

チケットを買う

4 大人1枚お願いします。
One **adult**, please.
ワン　**アダルト**　プリーズ

言い換え

子供	child チャイルド
シニア	senior スィニア
学生	student ストゥーデント

ひとくちメモ

観光スポットで見かける看板

博物館や美術館をはじめとする観光スポットには、さまざまな看板が掲げられています。無用なトラブルを避けるためにも、下記の代表的なものは覚えておきましょう。

- 写真撮影禁止　　　　　　　NO PHOTOGRAPHS
- フラッシュ禁止　　　　　　NO FLASH
- 入場無料　　　　　　　　　FREE ADMISSION
- 案内所　　　　　　　　　　INFORMATION
- 床が濡れています　　　　　WET FLOOR
- 関係者以外立入禁止　　　　STAFF ONLY
- 故障中　　　　　　　　　　OUT OF ORDER
- 開館　　　　　　　　　　　OPEN
- 閉館（休館中）　　　　　　CLOSED
- 危険　　　　　　　　　　　DANGER

123

博物館・美術館を見学する

❺ 特別展の場所はどこですか？
Where's the **special exhibit**?
ウェアズ　ザ　**スペシャル　エグズィビット**

言い換え

| 常設展 | permanent exhibit |
| パーマネント　エグズィビット |

| 印象派の展示室 | exhibit of the Impressionists |
| エグズィビット　オヴ　ジ　インプレッショニスツ |

❻ 近代美術が見たいのです。
I'd like to see **modern art**.
アイド ライク トゥー スィー　**モダン　アート**

言い換え

現代美術　　contemporary art
　　　　　　コンテンポラリィ　アート

中世美術　　medieval art
　　　　　　ミディーヴァル　アート

古代美術　　antique art
　　　　　　アンティーク　アート

絵画　　　　paintings
　　　　　　ペインティングズ

彫刻　　　　sculptures
　　　　　　スカルプチャズ

油絵　　　　oil paintings
　　　　　　オイル　ペインティングズ

水彩画　　　watercolors
　　　　　　ウォータカラァズ

素描	**drawings** ドゥロウイングズ
版画	**prints** プリンツ
ピカソ（作品）	**Picasso** ピカソ
ルノワール（作品）	**Renoir** レノワール

7 これは**複製**ですか？
Is this a **replica**?
イズ ディス ア　**レプリカ**

言い換え

〜の作品	**work by 〜** ワーク バイ
写真	**photograph** フォトーグラフ

ひとくちメモ

化粧室いろいろ

　化粧室を表す英語表現はいろいろ。日本語でも「お手洗い」と言うのと「便所」と言うのでは人に与える印象が大きく違うのと同様、英語も使い方を間違えるととても下品な響きになってしまうので要注意です。最も一般的で無難な表現は restroom。bathroom もトイレを指す表現としてよく使われます。ほかに、men's room（男性トイレ）、ladie's room（女性トイレ）、powder room や washroom などがありますが、旅行中なら Where's the restroom?（化粧室はどこですか？）、May I use the bathroom?（化粧室を使ってもいいですか？）を覚えておけば十分でしょう。

許可を得る

8 見てもいいですか？
May I **take a look**?
メイ アイ **テイク ア ルック**

言い換え

中に入る	come in カム イン
再入場する	reenter リエンター
荷物を持ち込む	bring my bag ブリング マイ バグ
たばこを吸う	smoke スモーク

写真を撮る

9 写真を撮ってもいいですか？
May I **take a picture**?
メイ アイ **テイク ア ピクチャ**

言い換え

あなたの写真を撮る	take your picture テイク ユア ピクチャ
あなたと一緒に写真を撮る	take a picture with you テイク ア ピクチャ ウィズ ユー
あなたの息子さんを写真に撮る	take a picture of your son テイク ア ピクチャ オヴ ユア サン
これを写真に撮る	take a picture of this テイク ア ピクチャ オヴ ディス

観光スポットで ★

10 私の写真を撮ってもらえますか？
Wolud you **take a picture of me**?
ウッジュウ　**テイク　ア　ピクチャ　オヴ　ミー**

言い換え

あの像と一緒に私の写真を撮る	take a picture of me with that statue テイク　ア　ピクチャ　オヴ　ミー　ウィズ ザット　スタチュ
彼と一緒の写真を撮る	take a picture of him and me テイク　ア　ピクチャ　オヴ　ヒム　アンド　ミー

そのほかのお役立ち単語

ツアー料金	**tour fee** トゥア　フィー
集合場所	**pick-up point** ピックアップ　ポイント
集合時間	**pick-up time** ピックアップ　タイム
学割	**student discount** ストゥーデント　ディスカウント
開館時間	**opening time** オウプニング　タイム
閉館時間	**closing time** クロウズィング　タイム

定番フレーズ

観光スポットで聞く

- このツアーの所要時間はどれくらいですか？
  How long does this tour take?
  ハウ　ロング　ダズ　ディス　トゥア　テイク

- 出発は何時ですか？
  What time does it leave?
  ワット　タイム　ダズ　イット　リーヴ？

- ここにどれくらいいますか？
  How long will we stay here?
  ハウ　ロング　ウィル　ウィー　ステイ　ヒア

- 入場料はいくらですか？
  How much is the admission?
  ハウ　マッチ　イズ　ジ　アドゥミション

- チケットはどこで買えますか？
  Where can I buy a ticket?
  ウェア　キャナイ　バイ　ア　ティケト

- 何時に開館しますか？
  What time do you open?
  ワット　タイム　ドゥ　ユー　オウプン

- 何時に閉館しますか？
  What time do you close?
  ワット　タイム　ドゥ　ユー　クロウズ

ACTIVITIES
アクティビティ編

スポーツ体験や観戦、観劇、映画、リラクゼーション、ドライブといったアクティビティは、旅のハイライトのひとつ。思い立ったらすぐに、予約や用具のレンタルなど事前の手配をきちんと済ませておきましょう。あとは、限られた旅程の中でやりたいことを存分に楽しむだけです。

アクティビティセンターで

体験希望を伝える

① ダイビングをやってみたいのですが。
I'd like to try scuba diving.
アイド ライク トゥートゥライ スクーバ ダイヴィング

言い換え

スノーケリング	snorkeling スノーケリング
サーフィン	surfing サーフィング
ウインドサーフィン	windsurfing ウィンドゥサーフィング
ジェットスキー	jet-skiing ジェット スキーイング
パラセーリング	parasailing パラセイリング
バナナボート	banana boating バナァーナ ボウティング
カヌー	canoeing クヌーイング
カヤック	kayaking カイャキング
乗馬	horseback riding ホースバック ライディング
サイクリング	cycling サイクリング

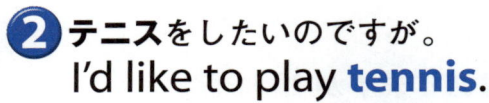

❷ **テニス**をしたいのですが。
I'd like to play **tennis**.
アイド ライク トゥー プレイ　　**テニス**

🔄 言い換え	卓球	table tennis テイブル　テニス
	スカッシュ	squash スクワッシ
	ゴルフ	golf ゴルフ
	バレーボール	volleyball ヴァリィボール
	バスケットボール	basketball バスケトゥボール

❸ **スキー**をしたいのですが。
I'd like to go **skiing**.
アイド ライク トゥー ゴウ　**スキーイング**

🔄 言い換え	スノーボード	snowboarding スノウボーディング
	釣り	fishing フィッシング

場所を聞く

4 ゴルフコースはありますか？
Is there a **golf course**?
イズ ゼア ア **ゴルフ コース**

言い換え

夜間照明付きテニスコート	lighted tennis court ライテッド テニス コート
初心者向けゲレンデ	slope for beginners スロウプ フォー ビギナァズ
上級者向けゲレンデ	slope for advanced skiers スロウプ フォー アドヴァンスド スキーヤーズ

5 レストハウスはどこですか？
Where's the **rest house**?
ウェアズ ザ **レスト ハウス**

言い換え

パッティンググリーン	putting green パッティング グリーン
チケットオフィス	ticket office ティケト オフィス
レンタルデスク	rental desk レントゥル デスク
化粧室	restroom レストルーム

アクティビティセンターで ★

用具を借りる

❻ ダイビングスーツはありますか？
Do you have a diving suit?
ドゥー ユー ハヴ ア ダイヴィング スート

言い換え

スノーケリングセット	a snorkeling set ア スノーケリング セット
サーフボード	a surfboard ア サーフボードゥ
釣竿	a fishing rod ア フィッシング ラッド
ビーチパラソル	a beach parasol ア ビーチ パァラソル
テニスラケット	a tennis racket ア テニス ラキットゥ
ボール	a ball ア ボール
ゴルフクラブ	clubs クラブズ
スキーウエア	ski wear スキー ウェア
スキー板	a pair of skis ア ペア オヴ スキーズ

定番フレーズ

アクティビティを申し込む

- 予約はできますか？
  Can I make a reservation?
  キャナイ　メイク　ア　レザヴェイション

- 1日いくらですか？
  How much is it for a day?
  ハウ　マッチ　イズ イット フォー ア デイ

- レッスンを受けることはできますか？
  Can I take a lesson?
  キャナイ　テイク　ア　レッスン

- 天気はどうですか？
  How is the weather?
  ハウ　イズ　ザ　ウェザ

- 積雪はどのくらいですか？
  How much snow is there?
  ハウ　マッチ　スノウ　イズ　ゼア

アクティビティセンターで ★

そのほかのお役立ち単語

カート	cart カート
ゴルフシューズ	golf shoes ゴルフ シューズ
スキー靴	ski boots スキー ブーツ
ゴーグル	goggles ゴグルズ
用具	equipment イクウィプメント
リフト	lift リフト
ゴンドラ	gondola ゴンドラ
レンタル代	rental fee レントゥル フィー
グリーンフィー	green fee グリーン フィー
インストラクター	instructor インストゥラクタァ
初心者	beginner ビギナァ
上級者	expert エクスパート
キャンプ	camping キャンピング
ハイキング	hiking ハイキング

135

スポーツ観戦・観劇

試合の情報を聞く

1 今日、メジャーリーグの試合はありますか？
Is there a Major League baseball game today?
イズ ゼア ア メイジャ リーグ ベイスボール ゲイム
トゥデイ

言い換え

プロ野球の試合	professional baseball game プロフェシュヌル ベイスボール ゲイム
NBAの試合 （バスケットボール）	NBA game エヌビーエイ ゲイム
サッカーの試合 ❶ イギリスではサッカーのことをfootballと言う	soccer game サカァ ゲイム
アイスホッケーの試合	(an) ice hockey game アン アイス ホッキィ ゲイム
アメリカンフットボールの試合	(an) American football game アン アメリカン フットボール ゲイム
ナイター	night game ナイト ゲイム

スポーツ観戦・観劇 ★

劇場の窓口で

2 コンサートのチケットはありますか？
Do you have **tickets for the concert**?
ドゥー ユー ハヴ ティケツ フォー ザ コンサート

言い換え

ミュージカル"キャッツ"のチケット	tickets for the musical "Cats" ティケツ フォー ザ ミューズィカル "キャッツ"
バレエのチケット	tickets for the ballet ティケツ フォー ザ バレイ
オペラのチケット	tickets for the opera ティケツ フォー ジ オペラ
ジャズライブのチケット	tickets for the jazz performance ティケツ フォー ザ ジャズ パフォーマンス
映画のチケット	tickets for the movie ティケツ フォー ザ ムーヴィ
ディナーショーのチケット	tickets for the dinner show ティケツ フォー ザ ディナァ ショウ
レビューショーのチケット	tickets for the revue show ティケツ フォー ザ レヴュー ショウ
当日券	tickets for today's show ティケツ フォー トゥデイズ ショウ
前売券	advance tickets アドゥヴァンス ティケツ
指定席	reserved seats リザーヴド シーツ

リラクゼーション

予約をする

1 明日の予約をお願いします。
I'd like to make a reservation for tomorrow.
アイド ライク トゥー メイク ア レザヴェイション フォー トゥモロウ

言い換え

今日の午後	this afternoon ディス アフタヌーン
今夜	tonight トゥナイト
明日の午前	tomorrow morning トゥモロウ モーニング
あさって	the day after tomorrow ザ デイ アフタ トゥモロウ
7月18日	July 18 th ジュライ エイティーンス

2 午後3時にお願いします。
Three in the afternoon, please.
スリー イン ジ アフタヌーン プリーズ

言い換え

午前11時	Eleven in the morning イレヴン イン ザ モーニング

リラクゼーション ★

午後4時	**Four in the afternoon** フォー イン ジ アフタヌーン
夕方6時	**Six in the evening** スィックス イン ジ イーヴニング
夜8時	**Eight at night** エイト アット ナイト

コースを選ぶ

❸ リラックスしたいのですが。
I'd like to **relax**.
アイド ライクトゥー リラァックス

凝りを解消する（言い換え）	smooth away kinks スムーズ アウェイ キンクス
肩凝りを和らげる	ease my stiff shoulder イーズ マイ スティフ ショウルダー
日焼けの火照りをとる	soothe my sunburn スーズ マイ サンバーン
肌を活性化させる	rejuvenate my skin レジュヴィネイト マイ スキン
肌荒れを治す	heal rough skin ヒール ラフ スキン
肌をしっとりさせる	moisturize my skin モイスチャライズ マイ スキン
シミをとる	remove these spots リムーヴ ディーズ スパッツ
筋肉の疲れを和らげる	soothe tired muscles スーズ タイアド マスルズ

機内・空港編 / ホテル編 / ダイニング編 / ショッピング編 / 観光編 / **アクティビティ編** / トラブル編

❹ マッサージをお願いします。
Massage, please.
マサージ　　　　　プリーズ

ボディマッサージ	**Body massage** バディー　マサージ
フェイシャルマッサージ	**Facial massage** フェイシャル　マサージ
ボディーラップ ❶ ミネラルを含んだ海藻や泥などで全身をパックするトリートメント	**Body wrap** バディー　ラァップ
ハーバルラップ ❶ ハーブを使ったラップのこと	**Herbal wrap** ハーバル　ラァップ
ボディースクラブ ❶ 塩やフルーツの種などを使って古い角質をとるマッサージ	**Body scrub** バディー　スクラブ
ホットストーンマッサージ ❶ 温めた石を使うマッサージ	**Hot stone massage** ホット　ストウン　マサー
スウェーデン式マッサージ	**Swedish massage** スウィディッシュ　マサージ
ロミロミ ❶ ハワイ式マッサージ	**Lomilomi massage** ロミロミ　マサージ
スポーツマッサージ	**Sports massage** スポーツ　マサージ
指圧 ❶ 海外でも「シアツ」で通じる	**Shiatsu** シアツ

言い換え

リラクゼーション ★

ディープティッシュ ❶ 深もみマッサージ	Deep tissue massage ディープ　ティシュー　マサージ
ボディーポリッシュ ❶ 角質除去マッサージ	Body polish massage バディー　パリッシュ　マサージ
全身マッサージ	Full-body massage フル　バディー　マサージ
背中のマッサージ	Back massage バック　マサージ
肩と首のマッサージ	Shoulder & neck massage ショウルダー　エンド　ネック　マサージ
ハンドマッサージ	Hand massage ハンド　マサージ
フットマッサージ	Foot massage フット　マサージ
リフレクソロジー	Reflexology リフレクソロジー
デトックスセラピー ❶ 体内の毒素を排泄し身体を浄化する療法	Detoxification therapy デタクスィフィケイション　セラピー
タラソテラピー ❶ フランス生まれの、海水や海藻泥などを使った自然療法	Thalassotherapy タラソセラピー
アーユルヴェーダ ❶ インドで生まれたトリートメント	Ayurveda アーユルヴェーダ
頭皮トリートメント	Scalp treatment スカルプ　トゥリートメント

機内・空港編 / ホテル編 / ダイニング編 / ショッピング編 / 観光編 / アクティビティ編 / トラブル編

141

レンタカー

車を借りる

1. オープンカーはありますか？
Do you have a convertible?
ドゥー ユー ハヴ ア コンヴァーティブル

言い換え

オートマチック車	(an) automatic アン オートマティク
マニュアル車	stick shift / manual car スティック シフト／マニュアル カー
普通車	standard-sized car スタンダード サイズド カー
中型車	medium-sized car ミーディアム サイズド カー
小型車	compact car コンパクト カー
四輪駆動車	four-wheel-drive car フォー ウィール ドゥライヴ カー
ワゴン車	station wagon ステイション ワゴン
キャンピングカー	camping car キャンピング カー
日本車	Japanese car ジャパニーズ カー

定番フレーズ

レンタカーを使うときに言う

- レンタカーはどこで借りられますか？
  Where can I rent a car?
  ウェア　キャナイ　レント　ア　カー

- 空港で車を返せますか？
  Can I return the car at the airport?
  キャナイ　リターン　ザ　カー　アット　ジ　エアポート

- 空港で車を乗り捨てられますか？
  Can I drop off the car at the airport?
  キャナイ ドゥロップ オフ　ザ　カー　アット　ジ　エアポート

- 1日いくらですか？
  How much per day?
  ハウ　マッチ　パー　デイ

- 保険をかけたいのですが。
  I'd like insurance.
  アイド ライク インシュアランス

- 満タンでお願いします。
  Fill it up, please.
  フィル イット アップ　プリーズ

- 車が故障してしまいました。
  The car has broken down.
  ザ　カー　ハズ　ブロウクン　ダウン

- パンクしました。
  I've got a flat tire. (米) / **I've got a puncture.** (英)
  アイヴ　ゴット ア フラット タイア　/　アイヴ ゴット ア　パンクチャ

そのほかのお役立ち単語

運転免許証	**driver's license** ドゥライヴァーズ ライセンス
国際運転免許証	**international driver's license** インタナショナル ドゥライヴァーズ ライセンス
保証金	**deposit** ディポズィット
保険	**insurance** インシュアランス
完全補償	**full coverage** フル カヴァレジ
対人対物保険	**liability insurance** ライアビリティ インシュアランス
乗り捨て	**drop off** ドゥロップ オフ
乗り捨て料金	**drop-off charge** ドゥロップ オフ チャージ
レンタル料金	**rental charge** レンタル チャージ
超過料金	**extra charge for overtime** エクストゥラ チャージ フォー オウヴァタイム
走行距離	**mileage** マイレジ
ガソリン	**gas** (米) **/petrol** (英) ギャス／ペトゥロル
ガソリンスタンド	**gas station** (米) **/petrol station** (英) ギャス ステイション／ペトゥロル ステイション
駐車場	**parking lot** (米) **/car park** (英) パーキング ロット／カー パーク

TROUBLE
トラブル編

海外旅行先では、自分の身は自分で守ることを心がけて。それでも万が一、盗難や事故、病気などのトラブルに遭ってしまったら、適切な情報をきちんと伝える必要があります。何が失くなったか、どんな状況か、どこがどう痛むのか、それらを正確に伝えてピンチを乗り切りましょう。

定番フレーズ

🐷 緊急時に声を上げる

- 誰か！
  Somebody!
  サムバディ

- 助けて！
  Help me!
  ヘルプ　ミー

- やめて！
  Stop!
  スタップ

- あの男を捕まえて！
  Catch him!
  キャッチ　ヒム

- 警官を呼んで！
  Call the police!
  コール　ザ　ポリース

- 救急車を呼んで！
  Call an ambulance!
  コール　アン　アンビュランス

🐷 紛失・盗難時に言う

- パスポートをなくしました。
  I lost my passport.
  アイ ロスト マイ　パスポート

- 財布を盗まれました。
  My wallet has been stolen.
  マイ　ワレット　ハァズ　ビーン　ストウルン

- 警察はどこですか？
  Where's the police station?
  ウェアズ　ザ　ポリース　ステイション

- 見つかったら知らせてください。
  Please let me know if you find it.
  プリーズ　レット　ミー　ノウ　イフ　ユー　ファインド　イット

- もう一度調べてもらえますか？
  Could you check it again, please?
  クッジュウ　チェック　イット　アゲイン　プリーズ

- クレジットカードを無効にしてください。
  Please cancel my credit card.
  プリーズ　キャンスル　マイ　クレディト　カード

ひとくちメモ

紛失・盗難に備えて

　パスポートやクレジットカードは、万が一の紛失や盗難に備えて情報を控えておくと、後々の処理がスムーズに進みます。パスポートなら旅券番号、発行年月日、有効期限、クレジットカードならカード番号、有効期限、カード会社の連絡先を書きとめておきましょう。パスポートは、旅券番号や顔写真が載っているページをコピーしておくと便利です。クレジットカードは悪用される恐れがあるので、なくなったと思ったらすぐにカード会社に電話して、無効の手続きをとりましょう。

事故のときに言う

- 交通事故を起こしました。
  ### I had a traffic accident.
  アイ ハド ア トゥラフィク アクスィデント

- 車にはねられました。
  ### I was hit by a car.
  アイ ワズ ヒット バイ ア カー

- 私はけがをしました。
  ### I was injured.
  アイ ワズ インジァド

- レンタカー会社に連絡します。
  ### I'll call the rent-a-car office.
  アイル コール ザ レンタカー オフィス

- 私は悪くありません。
  ### It's not my fault.
  イッツ ノット マイ フォールトゥ

- あの男性が見ていました。
  ### That man saw everything.
  ザット マァン ソウ エブリスィング

- 事故証明書をいただけますか？
  ### Can I have an accident report?
  キャナイ ハヴ アン アクスィデント リポート

● 身体部位の単語

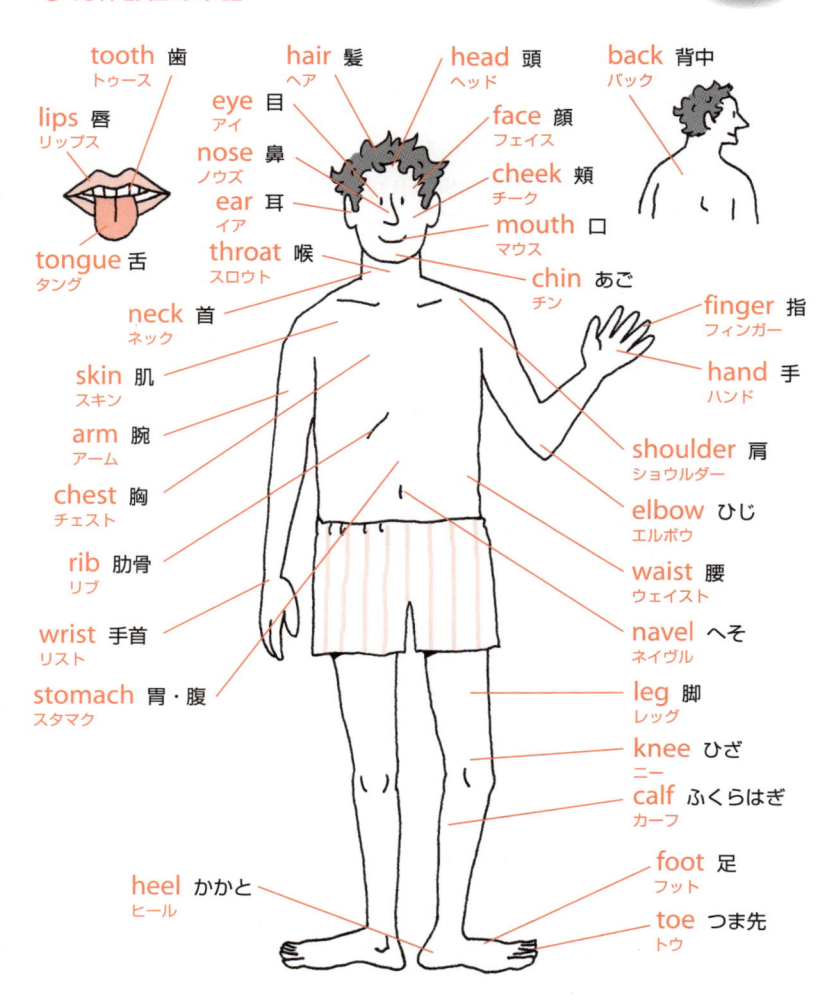

- tooth 歯 トゥース
- lips 唇 リップス
- tongue 舌 タング
- hair 髪 ヘア
- eye 目 アイ
- nose 鼻 ノウズ
- ear 耳 イア
- throat 喉 スロウト
- neck 首 ネック
- skin 肌 スキン
- arm 腕 アーム
- chest 胸 チェスト
- rib 肋骨 リブ
- wrist 手首 リスト
- stomach 胃・腹 スタマク
- head 頭 ヘッド
- face 顔 フェイス
- cheek 頬 チーク
- mouth 口 マウス
- chin あご チン
- back 背中 バック
- finger 指 フィンガー
- hand 手 ハンド
- shoulder 肩 ショウルダー
- elbow ひじ エルボウ
- waist 腰 ウェイスト
- navel へそ ネイヴル
- leg 脚 レッグ
- knee ひざ ニー
- calf ふくらはぎ カーフ
- heel かかと ヒール
- foot 足 フット
- toe つま先 トウ

病院で言う

- 内科はどこですか？
  Where's the internal medicine department?
  ウェアズ　ジ　インターナル　メディスン　ディパートゥメント

- 日本人の医者はいますか？
  Is there a Japanese doctor?
  イズ　ゼア　ア　ジャパニーズ　ドクタァ

- 気分が悪いです。
  I feel sick.
  アイ フィール スィック

- お腹が痛いです。
  I have a stomachache.
  アイ　ハヴ　ア　スタマケイク

- アレルギー体質です。
  I have allergies.
  アイ　ハヴ　アラジーズ

- 風邪をひいたみたいです。
  I think I caught cold.
  アイ スィンク アイ コート　コウルド

- 咳が止まりません。
  I keep coughing.
  アイ　キープ　コーフィング

- 食欲がありません。
  I have no appetite.
  アイ　ハヴ　ノウ　アペタイト

- 呼吸が苦しいです。
  It's hard to breathe.
  イッツ　ハード　トゥー　ブリーズ

- 生理中です。
  I'm having my period.
  アイム ハヴィング マイ ピアリアドゥ

- 妊娠6カ月です。
  I'm six months pregnant.
  アイム スィックス マンス プレグナントゥ

- 旅行保険に入っています。
  I have travel insurance.
  アイ ハヴ トゥラヴェル インシュアランス

薬局で言う

- 頭痛薬はありますか？
  Do you have some headache medicine?
  ドゥー ユー ハヴ サム ヘデイク メディスン

- どのように飲めばいいですか？
  How should I take this?
  ハウ シュッド アイ テイク ディス

- この処方箋の薬をください。
  Please fill this prescription.
  プリーズ フィル ディス プレスクリプション

ひとくちメモ

常備薬持参の勧め

薬は使い慣れたものを日本から持参しましょう。万が一のロストバゲッジや延泊に備えて多めに持ち、機内手荷物に入れておくのがいいでしょう。現地でも薬は手に入りますが、医師の処方箋が必要なものが多く、説明書は外国語です。

そのほかのお役立ち単語

● 紛失・盗難

緊急事態	**emergency** イマージェンスィ
スリ	**pickpocket** ピックポケット
泥棒	**thief** スィーフ
強盗	**robber** ラバァ
ひったくり	**purse-snatcher** パーススナッチャァ
痴漢	**groper** グロウパァ
お金	**money** マニー
クレジットカード	**credit card** クレディト カード
トラベラーズチェック	**traveler's checks** トゥラヴェラァズ チェックス
航空券	**air ticket** エア ティケト
カメラ	**camera** キャメラ
日本大使館	**Japanese Embassy** ジャパニーズ エンバスィ
日本領事館	**Japanese Consulate** ジャパニーズ コンスレト
紛失物取扱所	**lost and found** ロスト アンド ファウンド

● **事故**

交通事故	traffic accident トゥラフィク アクスィデント
信号無視	run a red light ラン ア レッド ライト

● **病院・病気**

総合病院	hospital ハスピトゥル
専門医院	clinic クリニック
薬局	pharmacy ファーマスィ
医者	doctor ドクタァ
歯医者	dentist デンティスト
日本語を話す医者	doctor who can speak Japanese ドクタァ フー キャン スピーク ジャパニーズ
看護士	nurse ナース
注射	injection / shot インジェクション／ショット
点滴	IV アイヴィー
手術	operation アペレイション
血液型	blood type ブラッド タイプ
外科	surgery サージャリ

153

小児科	pediatrics ピーディアトゥリクス
婦人科	gynecology ガイナカラジー
産婦人科	obstetrics and gynecology アブステトゥリクス　アンド　ガイナカラジー
耳鼻咽喉科	otolaryngology オウトラリンガラジー
眼科	ophthalmology アフサルモロジー
歯科	dentistry デンティストゥリー
泌尿器科	urology ユアララジー
めまいがする	dizzy ディズィ
だるい	heavy ヘヴィ
寒気がする	cold / chilly コウルド／チリー
吐き気	throwing up / nausea スロウィング　アップ／ノージィア
頭痛	headache ヘデイク
熱	fever フィーヴァ
のどの痛み	sore throat ソア　スロウト
歯痛	toothache トゥースエイク
腰痛、背中の痛み	backache バックエイク

下痢	diarrhea ダイアリーア
高血圧	high blood pressure ハイ ブラッド プレシャー
低血圧	low blood pressure ロウ ブラッド プレシャー
糖尿病	diabetes ダイアビーティーズ
インフルエンザ	influenza / flu インフルエンザ／フルー
疲労、けん怠感	fatigue ファティーグ
二日酔い	hangover ハングオウヴァ
食中毒	food poisoning フード ポイズニング
発作	fit フィット
ぜんそく	asthma アズマ
消化不良	digestion problems ダイジェスチョン プラブレムズ
胃腸炎	stomach infection スタマク インフェクション
盲腸炎	appendicitis アペンダサイティス
肺炎	pneumonia ニューモウニャ
ぎっくり腰	strained back ストゥレインドゥ バック
火傷	burn バーァン

捻挫	sprain スプレイン
打撲	bruise ブルーズ
骨折	broken bone ブロウクン ボウン
胃薬	stomach medicine スタマク メディスン
風邪薬	cold medicine コウルド メディスン
解熱剤	fever medicine フィーヴァ メディスン
鎮痛剤	pain medicine / painkiller ペイン メディスン／ペインキラー
抗生物質	antibiotics アンティバイアティックス
消毒薬	disinfectant ディスインフェクタント
湿布	compress カンプレス
座薬	suppository サポズィトリィ
骨	bone ボウン
皮膚	skin スキン
関節	joint ジョイント
筋肉	muscle マスル
血管	blood vessel ブラッド ヴェセゥ

肛門	**anus**	エイナス
脳	**brain**	ブレイン
心臓	**heart**	ハーァト
肺	**lungs**	ラングズ
肝臓	**liver**	リヴァ
胃	**stomach**	スタマク
腸	**intestine**	インテスタン

ひとくちメモ

海外での病院のかかり方

海外旅行先で病気になると、言葉の不安から、つい「日本語の通じる病院」を探しがちですが、これには落とし穴があります。多くのガイドブックに掲載されている、こうした病院は、小さなクリニックであることが多く、手術用の設備が整っているわけではありません。風邪や軽い腹痛など命の危険を伴わない症状のときには問題ありませんが、脳卒中や心筋梗塞といった一刻を争う事態のときに訪れても、結局は施設の整った大病院に転送されることになり、貴重な時間を無駄にしてしまうことになります。深刻な事態のときには「日本語が通じること」にこだわらず、救急車を呼ぶなどして一刻も早く規模の大きな救急病院を訪れてください。

参考：基本単語

● 数字

1	one ワン		18	eighteen エイティーン
2	two トゥー		19	nineteen ナインティーン
3	three スリー		20	twenty トゥエンティ
4	four フォー		30	thirty サーティ
5	five ファイヴ		40	forty フォーティ
6	six スィックス		50	fifty フィフティ
7	seven セヴン		60	sixty スィクスティ
8	eight エイト		70	seventy セヴンティ
9	nine ナイン		80	eighty エイティ
10	ten テン		90	ninety ナインティ
11	eleven イレヴン		100	hundred ハンドレッド
12	twelve トゥエロヴ		1000	thousand サウザンド
13	thirteen サーティーン		1万	ten thousand テン サウザンド
14	fourteen フォーティーン		100万	million ミリオン
15	fifteen フィフティーン			
16	sixteen スィックスティーン			
17	seventeen セヴンティーン			

● 月

1月	January ジャニュアリィ
2月	February フェブルァリィ
3月	March マーチ

4月	April エィプリル		今日	today トゥデイ
5月	May メイ		明日	tomorrow トゥモロウ
6月	June ジューン		あさって	the day after tomorrow ザ デイ アフタ トゥモロウ
7月	July ジュライ			
8月	August オゥガスト		朝／午前	morning モーニング
9月	September セプテンバァ		午後	afternoon アフタヌーン
10月	October オクトウバァ		夕方	evening イヴニング
11月	November ノヴェンバァ		夜	night ナイト
12月	December ディセンバァ		今夜	tonight トゥナイト

●曜日・日・週

月曜日	Monday マンデイ		今週	this week ディス ウイーク
火曜日	Tuesday テューズデイ		先週	last week ラスト ウイーク
水曜日	Wednesday ウエンズデイ		来週	next week ネクスト ウイーク
木曜日	Thursday サーズデイ			

●季節

金曜日	Friday フライデイ		春	spring スプリング
土曜日	Saturday サタデイ		夏	summer サマァ
日曜日	Sunday サンデイ		秋	autumn / fall オータム／フォール
祭日	holiday ホリデイ		冬	winter ウィンタァ

機内・空港編

- [ ] 出発
  departure
  ディパーチャー

- [ ] 到着
  arrival
  アライヴル

- [ ] 入国管理
  immigration
  イミグレイション

- [ ] 荷物の受取所
  baggage claim
  バゲジ　クレイム

- [ ] ターンテーブル
  carousel
  キャルセル

- [ ] 税関
  customs
  カスタムズ

- [ ] 検疫
  quarantine
  クウォランティーン

- [ ] チェックインカウンター
  check-in counter
  チェックイン　カウンタァー

- [ ] セキュリティチェック
  security check
  セキュリティ　チェック

- [ ] ゲート
  gate
  ゲイト

- [ ] 旅客ターミナル
  passenger terminal
  パセンジャー　ターミナル

- [ ] ロッカー
  baggage compartment
  バゲジ　コンパートメント

- [ ] 遺失物取扱窓口
  lost&found
  ロスト　アンド　ファウンド

- [ ] 離陸
  takeoff
  テイクオフ

- [ ] 着陸
  landing
  ランディング

- [ ] 搭乗口
  boarding gate
  ボーディング　ゲイト

- [ ] 搭乗券
  boarding pass
  ボーディング　パス

- [ ] 便名
  flight number
  フライト　ナンバァ

- [ ] 座席
  seat
  シート

- [ ] 非常口
  the emergency exit
  ジ　イマージェンシー　エクズィット

- [ ] 出発時間
  departure time
  ディパーチャー　タイム

- [ ] 到着時間
  arrival time
  アライヴル　タイム

- [ ] 現地時間
  local time
  ロウカル　タイム

- [ ] 飛行時間
  flying time
  フライング　タイム

- [ ] 時差
  time difference
  タイム　ディファレンス

- [ ] 気温
  temperature
  テンパラチュア

- [ ] 目的地
  destination
  デスティネイション

- [ ] 定刻
  on time
  オン　タイム

- [ ] 遅延
  delay
  ディレイ

- [ ] トランジット
  transit
  トゥランズィト

- [ ] 乗り継ぎ
  transfer
  トゥランスファー

- [ ] 為替レート
  exchange rate
  エクスチェインジ　レイト

ホテル編

- 満室 **no vacancy** ノウ ヴェイカンスィー
- 空室あり **vacant** ヴェイカント
- 前金 **deposit** デポズィット
- 現金 **cash** キャッシュ
- 領収書 **receipt** リスィート
- 客室料金 **room rate** ルーム レイト
- 税金 **tax** タックス
- サービス料 **service charge** サーヴィス チャージ
- 別料金 **extra charge** エクストゥラ チャージ
- 1泊あたり **per night** パー ナイト
- 1室あたり **per room** パー ルーム

- 宿泊カード **registration card** レジストゥレイション カード
- 予約する **make a reservation** メイク ア レザヴェイション
- キャンセルする **cancel** キャンスル
- チェックイン **check in** チェック イン
- チェックアウト **check out** チェック アウト
- もう1泊する **stay one more night** ステイ ワン モア ナイト
- 延泊する **extend my(our) stay** イクステンド マイ(アワァ) ステイ
- 外線電話 **outside call** アウトサイド コール
- 市内電話 **local call** ロウカル コール
- 長距離電話 **long-distance call** ロング ディスタンス コール
- 国際電話 **international call** インタナショナル コール

- ターンダウン **turndown** ターンダウン
- 伝言 **message** メッセイジ
- 1階 **first floor**(米) ファースト フロー **ground floor**(英) グラウンド フロー
- 2階 **second floor**(米) セカンド フロー **first floor**(英) ファースト フロー
- 中2階 **mezzanine** メザニン
- 最上階 **top floor** トップ フロー
- 地下 **basement** ベイスメント
- フロントデスク **reception** レセプション
- ロビー **lobby** ロビー
- 階段 **stairs** ステアズ

ホテル編

- エレベーター
  elevator
  エレヴェィタァ

- エスカレーター
  escalator
  エスカレイタァ

- 化粧室
  restroom
  レストルーム

- 喫煙ルーム
  smoking room
  スモウキング ルーム

- 禁煙ルーム
  non-smoking room
  ノン スモウキング ルーム

- 貴重品
  valuables
  ヴァリュアブルズ

- 荷物
  baggage
  バゲジ

- 自動販売機
  vending machine
  ヴェンディング マシーン

- 製氷機
  (an) ice dispenser
  アン アイス ディスペンサァ

- 変圧器
  converter
  コンヴァーター

- プラグ変換アダプター
  plug adapter
  プラグ アダプタァ

- 湯沸しポット
  kettle
  ケトゥル

- アイロン
  (an) iron
  アン アイアン

- ドライヤー
  hair dryer
  ヘア ドゥライア

- 体温計
  thermometer
  スァモミタァ

- 冷蔵庫
  refrigerator
  リフリジレイタァ

- 毛布
  blanket
  ブランケット

- シーツ
  sheet
  シーツ

- ベッド
  bed
  ベッド

- 枕
  pillow
  ピロウ

- エアコン
  air conditioner
  エア コンディショナァ

- 朝食
  breakfast
  ブレクファスト

- 昼食
  lunch
  ランチ

- 夕食
  dinner
  ディナァ

- プール
  swimming pool
  スウィミング プール

- ジム
  gym
  ジム

- サウナ
  sauna
  サウナ

- バー
  bar
  バー

- 美容室
  beauty salon
  ビューティー サロン

- ランドリー
  laundry
  ローンドゥリィ

- モーニングコール
  Wake-up call
  ウェイクアップ コール

- ドライクリーニング
  dry cleaning
  ドゥライ クリーニング

ダイニング編

- (油で)揚げた **fried** フライド
- (オーブンで)焼いた **baked** ベイクド
- 網焼きにした **grilled** グリルド
- ソテーした **sautéed** ソウテイド
- 茹でた **boiled** ボイルド
- 煮込んだ **stewed** ステュード
- 蒸した **steamed** スティームド
- 燻製にした **smoked** スモークトゥ
- 生の **raw** ロー
- 冷静の **chilled** チルド
- 酢漬けの **pickled** ピクルドゥ
- 薄切りにした **sliced** スライスト
- つぶした **mashed** マッシュト
- 溶かした **melted** メルティド
- 詰め物にした **stuffed** スタッフト
- 小間切れにした **chopped** チャップト
- 甘い **sweet** スウィート
- 苦い **bitter** ビタァ
- 辛い **hot** ホット
- すっぱい **sour** サウア
- しょっぱい **salty** ソールティ
- 香辛料の効いた **spicy** スパイスィ
- 水分の多い **juicy** ジュースィー
- 風味のある **tasty** テイスティー
- クリーム状の **creamy** クリーミィ
- 脂っこい **greasy** グリースィ
- 冷たい **cold** コウルド
- おいしい **delicious** ディリシャス
- 濃い(強い) **strong** ストゥロング
- 薄い(弱い) **weak** ウィーク
- 軟らかい **soft** ソフト
- 硬い **hard** ハード

ダイニング編

- コース料理
  fixed menu
  フィックスト メニュー

- 一品料理
  a la carte
  ア ラ カート

- 本日のおすすめ料理
  today's special
  トゥデイズ スペシャル

- 食前酒
  aperitif
  アペリティーフ

- メインディッシュ
  main dish
  メイン ディッシュ

- 注文する
  order
  オーダァ

- サービス料
  service charge
  サーヴィス チャージ

- 税金
  tax
  タックス

- 仔牛肉
  veal
  ヴィール

- 羊肉
  mutton
  マトゥン

- 仔羊肉
  lamb
  ラム

- 鴨
  duck
  ダック

- 七面鳥
  turkey
  ターキィ

- マグロ
  tuna
  トゥーナ

- タラ
  cod
  カッド

- スズキ
  bass
  バス

- マス
  trout
  トゥラウト

- ヒラメ
  flatfish
  フラットフィッシュ

- 舌ビラメ
  sole
  ソウル

- カレイ
  flounder
  フラウンダァ

- イワシ
  sardine
  サーディーン

- サバ
  mackerel
  マケレル

- カツオ
  bonito
  ボニートゥ

- メカジキ
  swordfish
  ソードゥフィッシュ

- ニシン
  herring
  ヘリング

- ニジマス
  rainbow trout
  レインボウ トゥラウトゥ

- カニ
  crab
  クラブ

- イカ
  squid
  スクウィッド

- タコ
  octopus
  オクトパス

- 小エビ
  shrimp
  シュリンプ

- 車エビ
  prawn
  プローン

- アサリ
  baby clam
  ベイビー クラム

ダイニング編

- [ ] ハマグリ
  clam
  クラム

- [ ] ホタテ
  scallop
  スカロプ

- [ ] カキ
  oyster
  オイスタァ

- [ ] ウニ
  sea urchin
  スィー アーチン

- [ ] ムール貝
  mussels
  マセルズ

- [ ] アワビ
  abalone
  アバロウニ

- [ ] キャビア
  caviar
  キャヴィア

- [ ] アンチョビ
  anchovy
  アンチョヴィ

- [ ] テリーヌ
  terrine
  テリヌ

- [ ] ベーコン
  bacon
  ベイクン

- [ ] ハム
  ham
  ハァム

- [ ] ソーセージ
  sausage
  ソーセッヂ

- [ ] サラミ
  salami
  サラーミィ

- [ ] パン
  bread
  ブレッドゥ

- [ ] ロールパン
  roll
  ロウル

- [ ] クロワッサン
  croissant
  クルワソン

- [ ] フランスパン
  French bread
  フレンチ ブレッドゥ

- [ ] マフィン
  muffin
  マフィン

- [ ] ピタ
  pita
  ピタァ

- [ ] ベーグル
  bagel
  ベイグル

- [ ] パンケーキ
  pancake
  パァンケイク

- [ ] ドーナッツ
  doughnut
  ドーナトゥ

- [ ] バター
  butter
  バタァ

- [ ] ジャム
  jam
  ヂャム

- [ ] 調味料
  seasoning
  シーズニング

- [ ] 塩
  salt
  ソールト

- [ ] 砂糖
  sugar
  シュガァ

- [ ] 胡椒
  pepper
  ペパァ

- [ ] 酢
  vinegar
  ヴィネガァ

- [ ] しょうゆ
  soy sauce
  ソイ ソース

- [ ] マスタード
  mustard
  マスタードゥ

- [ ] レモン
  lemon
  レモン

ダイニング編

- オリーブオイル **olive oil** アリブオイル
- マヨネーズ **mayonnaise** メイオネイズ
- わさび **wasabi** ワサビ
- タバスコ **tabasco** タバスコウ
- ウスターソース **Worcester sauce** ウスタァ ソース
- サワークリーム **sour cream** サワ クリーム
- 赤ワイン(グラス) **a glass of red wine** ア グラス オヴレッド ワイン
- 白ワイン(ボトル) **a bottle of white wine** ア ボトゥル オヴ ワイト ワイン
- 生ビール **draft beer** ドゥラフト ビア
- 地ビール **local beer** ロウカル ビア
- ミルクティー **tea with milk** ティー ウィズ ミルク

- レモンティー **tea with lemon** ティー ウィズ レモン
- カプチーノ **cappuccino** カプチーノ
- カフェオレ **Café au lait** カフェ オ レイ
- コカコーラ **Coke** コウク
- トニックウォーター(炭酸水) **tonic water** トニク ウォータァ
- ハンバーガー **hamburger** ハンバーガァ
- フライドポテト **French fries** フレンチ フライズ
- ピザ **pizza** ピーツァ
- フライドチキン **fried chicken** フライド チキン
- ローストポーク **roast pork** ロウスト ポーク
- ビーフシチュー **beef stew** ビーフ ストゥー

- ステーキ **steak** ステイク
- サーロイン **sirloin** サァーロイン
- 魚のフライ **fried fish** フライドフィッシュ
- スプーン **spoon** スプーン
- フォーク **fork** フォーク
- 箸 **chopsticks** チョップスティックス
- 取り皿 **extra plate** エクストラ プレイト
- ウェイター **waiter** ウェイター
- ウェイトレス **waitress** ウェイトレス
- 会計 **check** チェック

ショッピング編

- 免税店
  duty-free shop
  デューティーフリー ショップ

- スーパーマーケット
  supermarket
  スーパーマーケット

- デパート
  department store
  ディパートゥメント ストー

- コンビニ
  convenience store
  コンヴィーニエンス ストー

- ショッピングモール
  shopping mall
  ショッピング モール

- ショッピング街
  shopping district
  ショッピング ディストゥリクトゥ

- アウトレットモール
  (an) outlet mall
  アン アウトゥレット モール

- 市場
  market
  マーケット

- ドラッグストア
  drugstore
  ドラグストー

- 薬局
  pharmacy
  ファーマスィ

- 土産物屋
  souvenir shop
  スーヴェニア ショップ

- ブランド店
  brand store
  ブランド ストー

- サービスカウンター
  service counter
  サーヴィス カウンタァー

- 宝石店
  jewelry shop
  ジュエリー ショップ

- 本屋
  bookstore
  ブックストー

- 文具店
  stationery shop
  ステイショナリィ ショップ

- 玩具店
  toy shop(英) /
  トイ ショップ
  toy store(米)
  トイ ストー

- 酒屋
  liquor store
  リカァ ストー

- 菓子屋
  confectionery
  コンフェクショナリィ

- パン屋
  bakery
  ベイカリィ

- 紳士服
  men's clothing
  メンズ クローズィング

- 婦人服
  women's clothing
  ウィミンズ クローズィング

- 子供服
  children's clothing
  チルドレンズ クローズィング

- カバン
  handbag / luggage
  ハンドゥバグ ／ ラゲージ

- スポーツウェア
  sportswear
  スポーツウェァ

- ギフト&お土産物
  gifts&souvenirs
  ギフツ アンド スーヴェニアズ

- 家具
  furniture
  ファーニチァ

- 化粧品
  cosmetics
  カズメティクス

- 試着する
  try
  トゥライ

- 試着室
  fitting room
  フィッティング ルーム

- ジャケット
  jackets
  ジャケッツ

- カーディガン
  cardigans
  カーディガンズ

ショッピング編

- [ ] セーター
  sweaters
  スウェタァズ
- [ ] トレーナー
  sweatshirts
  スウェットシャーツ
- [ ] ドレス、ワンピース
  dresses
  ドゥレセズ
- [ ] ブラウス
  blouses
  ブラウセス
- [ ] ポロシャツ
  polo shirts
  ポウロウ シャーツ
- [ ] Tシャツ
  T-shirts
  ティーシャーツ
- [ ] アロハシャツ
  aloha shirts
  アロウハ シャーツ
- [ ] スラックス
  slacks
  スラックス
- [ ] ジーンズ
  jeans
  ジーンズ
- [ ] チノパン
  chinos
  チーノウズ
- [ ] スカート
  skirts
  スカーツ

- [ ] コート
  coats
  コウツ
- [ ] 水着
  swimsuits
  スウィムスーツ
- [ ] 丸首
  round neck
  ラウンド ネック
- [ ] ハイネック
  high neck
  ハイ ネック
- [ ] Vネック
  V-neck
  ヴィーネック
- [ ] 袖
  sleeve
  スリーヴ
- [ ] 半袖
  short sleeve
  ショート スリーヴ
- [ ] 長袖
  long sleeve
  ロング スリーヴ
- [ ] 袖なし
  sleeveless
  スリーヴレス
- [ ] 襟
  collar
  カラー
- [ ] 襟付き
  with collar
  ウィズ カラー

- [ ] Sサイズ
  small
  スモール
- [ ] Mサイズ
  medium
  ミーディアム
- [ ] Lサイズ
  large
  ラージ
- [ ] LLサイズ
  extra large
  エクストゥラ ラージ
- [ ] 黄色
  yellow
  イェロウ
- [ ] 赤
  red
  レッド
- [ ] 緑
  green
  グリーン
- [ ] 青
  blue
  ブルー
- [ ] オレンジ
  orange
  オリンジ
- [ ] 紺
  navy
  ネイヴィ

ショッピング編

- 黒 **black** ブラック
- 白 **white** ワイト
- 水色 **light blue** ライト ブルー
- 紫 **purple** パープル
- グレー **gray** グレー
- 茶 **brown** ブラウン
- こげ茶 **dark brown** ダーク ブラウン
- ベージュ **beige** ベイジ
- カーキ **khaki** カーキィ
- 暗い色 **dark color** ダーク カラ
- 明るい色 **bright color** ブライト カラ
- ハンドバッグ **handbag** ハンドゥバグ
- ショルダーバッグ **shoulder bag** ショルダー バッグ
- トートバッグ **tote bag** トウト バグ
- リュック **backpack** バックパック
- スーツケース **suitcase** スートケイス
- 財布 **wallets** ワレッツ
- 傘 **umbrellas** アンブレラズ
- 折り畳み傘 **folding umbrellas** フォウルディング アンブレラズ
- 靴下 **socks** ソックス
- ストッキング **panty hoses / stockings** パンティ ホウスィズ／ストッキングス
- ボールペン **ball-point pen** ボールポイント ペン
- 便箋 **writing pad** ライティン パッド
- 封筒 **(an) envelope** アン エンヴェロウプ
- 切手 **stamp** スタンプ
- ホチキス **stapler** ステープラー
- セロテープ **Scotch tape** スコッチ テイプ
- のり **glue** グルー
- 歯ブラシ **toothbrush** トゥースブラッシュ
- 歯磨き粉 **toothpaste** トゥースパイスト
- 日焼け止め **sunscreen** サンスクリーン
- 電池 **batteries** バテリーズ

観光・アクティビティ編

- [ ] 地図
  map
  マップ
- [ ] 地下鉄路線図
  subway map
  サブウェイ　マップ
- [ ] パンフレット
  brochure
  ブロシュア
- [ ] 地下鉄
  subway
  サヴウェイ
- [ ] 駅
  station
  ステイション
- [ ] バス停
  bus stop
  バス　ストップ
- [ ] 時刻表
  time table
  タイム　テイブル
- [ ] 市内観光ツアー
  city tour
  スィティ　トゥア
- [ ] 観光ツアー
  sightseeing tour
  サイトスィーイング　トゥア
- [ ] 日帰り旅行
  one-day excursion
  ワンデイ　イクスカージョン
- [ ] 半日ツアー
  half-day tour
  ハーフデイ　トゥア

- [ ] ツアー料金
  tour fee
  トゥア　フィー
- [ ] 集合場所
  pick-up point
  ピックアップ　ポイント
- [ ] 集合時間
  pick-up time
  ピックアップ　タイム
- [ ] 学割
  student discount
  ストゥーデント　ディスカウント
- [ ] 開館時間
  opening time
  オウプニング　タイム
- [ ] 閉館時間
  closing time
  クロウズィング　タイム
- [ ] チケット売り場
  ticket office
  チケット　オフィス
- [ ] 荷物預かり所
  cloakroom
  クロウクロウム
- [ ] 入場料
  admission
  アドゥミション
- [ ] 案内所
  information desk
  インフォメイション　デスク
- [ ] 博物館
  museum
  ミューズィアム

- [ ] 美術館
  (an) art museum
  アン　アート　ミューズィアム
- [ ] 館内ツアー
  guided tour
  ガイディド　トゥア
- [ ] 劇場
  theater
  スィアタァ
- [ ] 映画館
  movie theater
  ムーヴィ　スィアタァ
- [ ] 遊園地
  (an) amusement park
  アン　アミューズメント　パーク
- [ ] 水族館
  (an) aquarium
  アン　アクウェリアム
- [ ] 動物園
  zoo
  ズー
- [ ] 市場
  market
  マーケット
- [ ] 史跡
  historical spot
  ヒストリカル　スポット
- [ ] タクシー乗り場
  taxi stand
  タクスィ　スタンド

CD2 37

観光・アクティビティ編

- 交差点
  intersection
  インターセクション

- 横断歩道
  pedestrian crossing
  ペデストゥリアン クロッスィング

- 入口
  entrance
  エントゥランス

- 出口
  exit
  イグズィット

- 休憩所
  place to rest
  プレイス トゥー レスト

- 通り
  street
  ストゥリート

- 信号
  traffic light
  トゥラフィック ライト

- 参加する
  participate in
  パーティシペイト イン

- ダイビング
  diving
  ダイヴィング

- スノーケリング
  snorkeling
  スノーケリング

- サーフィン
  surfing
  サーフィング

- ウインドサーフィン
  windsurfing
  ウィンドゥサーフィング

- ジェットスキー
  jet-skiing
  ジェット スキーイング

- パラセーリング
  parasailing
  パラセイリング

- バナナボート
  banana boating
  バナナ ボウティング

- カヌー
  canoeing
  クヌーイング

- カヤック
  kayaking
  カイヤキング

- 乗馬
  horseback riding
  ホースバック ライディング

- サイクリング
  cycling
  サイクリング

- 再入場する
  reenter
  リエンター

- 当日券
  tickets for today's show
  ティケツ フォー トゥデイズ ショウ

- 前売券
  advance tickets
  アドゥヴァンス ティケツ

- 指定席
  reserved seats
  リザーヴド シーツ

- カート
  cart
  カート

- ゴルフシューズ
  golf shoes
  ゴルフ シューズ

- スキー靴
  ski boots
  スキー ブーツ

- ゴーグル
  goggles
  ゴグルズ

- 用具
  equipment
  イクウィプメント

- リフト
  lift
  リフト

- ゴンドラ
  gondola
  ゴンドラ

- レンタル代
  rental fee
  レントゥル フィー

- グリーンフィー（ゴルフ場使用料）
  green fee
  グリーン フィー

観光・アクティビティ編

- □ インストラクター
  instructor
  インストゥラクタァ

- □ 初心者
  beginner
  ビギナァ

- □ 上級者
  expert
  エクスパート

- □ キャンプ
  camping
  キャンピング

- □ ハイキング
  hiking
  ハイキング

- □ 運転免許証
  driver's license
  ドゥライヴァーズ ライセンス

- □ 国際運転免許証
  international driver's license
  インタナショナル ドゥライヴァーズ ライセンス

- □ 保証金
  deposit
  ディポズィト

- □ 保険
  insurance
  インシュアランス

- □ 完全補償
  full coverage
  フル カヴァレジ

- □ 対人対物保険
  liability insurance
  ライアビリティ インシュアランス

- □ 乗り捨て
  drop off
  ドゥロップ オフ

- □ 乗り捨て料金
  drop-off charge
  ドゥロップ オフ チャージ

- □ レンタル料金
  rental charge
  レンタル チャージ

- □ 超過料金
  extra charge for overtime
  エクストゥラ チャージ フォーオウヴァタイム

- □ 走行距離
  mileage
  マイレジ

- □ ガソリン
  gas（米）/ petrol（英）
  ギャス ／ ペトゥロル

- □ ガソリンスタンド
  gas station（米）/
  ギャス ステイション
  petrol station（英）
  ペトゥロル ステイション

- □ 駐車場
  parking lot（米）/
  パーキング ロット
  car park（英）
  カー パーク

- □ 天気
  weather
  ウェザ

- □ 晴れ
  sunny
  サニィ

- □ 雨
  rainy
  レイニィ

- □ 曇り
  cloudy
  クラウディ

- □ 雷
  thunder
  サンダァ

- □ 公園
  park
  パァーク

- □ 噴水
  fountain
  ファウンタン

- □ 教会
  church
  チャーチ

- □ 橋
  bridge
  ブリッジ

- □ 大型船
  ship
  シィップ

- □ 市役所
  city hall
  スィティ ホール

- □ ポスト
  mail box
  メイル バックス

- □ 港
  port / harbor
  ポート ／ ハーバー

トラブル編

- 警察署
  police station
  ポリース ステイション

- 消防車
  fire engine
  ファイア エンジン

- 救急車
  ambulance
  アンビュランス

- 遅れ
  delay
  ディレイ

- 旅行代理店
  travel agency
  トゥラヴェル エイジェンスィ

- 保険会社
  insurance company
  インシュランス カンパニィ

- 緊急事態
  emergency
  イマージェンスィ

- スリ
  pickpocket
  ピックポケット

- 泥棒
  thief
  スィーフ

- 強盗
  robber
  ラバァ

- ひったくり
  purse-snatcher
  パーススナッチァ

- 痴漢
  groper
  グロウパァ

- 紛失
  loss
  ロス

- 詐欺
  swindle
  スウィンドゥル

- 火事
  fire
  ファイア

- 財布
  wallet
  ウォレット

- お金
  money
  マニー

- クレジットカード
  credit card
  クレディト カード

- クレジットカードを無効にする
  cancel my credit card
  キャンソル マイ クレディトカード

- トラベラーズチェック
  traveler's checks
  トゥラヴェラァズ チェックス

- 航空券
  air ticket
  エア ティケト

- カメラ
  camera
  キャメラ

- 日本大使館
  Japanese Embassy
  ジャパニーズ エンバスィ

- 日本領事館
  Japanese Consulate
  ジャパニーズ コンスレト

- 紛失物取扱所
  lost and found
  ロスト アンド ファウンド

- 交通事故
  traffic accident
  トゥラフィク アクスィデント

- 信号無視
  run a red light
  ラン ア レッド ライト

- 総合病院
  hospital
  ハスピトゥル

- 専門病院
  clinic
  クリニック

- 薬局
  pharmacy
  ファーマスィ

- 医者
  doctor
  ドクタァ

- 歯医者
  dentist
  デンティスト

トラブル編

- [ ] 日本語を話す医者
  doctor who can speak Japanese
  ドクタァ フー キャン スピーク ジャパニーズ

- [ ] 看護師
  nurse
  ナース

- [ ] 処方箋
  prescription
  プリスクリプション

- [ ] 副作用
  side effect
  サイド エフェクトゥッ

- [ ] 注射
  injection / shot
  インジェクション／ショット

- [ ] 点滴
  IV
  アイヴィー

- [ ] 手術
  operation
  アペレイション

- [ ] 血液型
  blood type
  ブラッド タイプ

- [ ] 外科
  surgery
  サージャリ

- [ ] 小児科
  pediatrics
  ピーディアトゥリクス

- [ ] 婦人科
  gynecology
  ガイナカラジー

- [ ] 産婦人科
  obstetrics and gynecology
  アブステトゥリクス アンド ガイナカラジー

- [ ] 耳鼻咽喉科
  Ear, Nose & Throat
  オウトラリンガラジー

- [ ] 眼科
  ophthalmology
  アフサルモロジー

- [ ] 歯科
  dentistry
  デンティストゥリー

- [ ] 泌尿器科
  urology
  ユアララジー

- [ ] めまいがする
  dizzy
  ディズィ

- [ ] だるい
  heavy
  ヘヴィ

- [ ] 寒気がする
  cold / chilly
  コウルド／チリー

- [ ] 吐き気
  throwing up / nausea
  スロウィング アップ／ノージィア

- [ ] 頭痛
  headache
  ヘディク

- [ ] 熱
  fever
  フィーヴァ

- [ ] のどの痛み
  sore throat
  ソア スロウト

- [ ] 歯痛
  toothache
  トゥースエイク

- [ ] 腰痛、背中の痛み
  backache
  バックエイク

- [ ] 下痢
  diarrhea
  ダイアリーア

- [ ] 高血圧
  high blood pressure
  ハイ ブラッド プレシャー

- [ ] 低血圧
  low blood pressure
  ロウ ブラッド プレシャー

- [ ] 糖尿病
  diabetes
  ダイアビーティーズ

- [ ] インフルエンザ
  influenza / flu
  インフルエンザ ／フルー

- [ ] 疲労、けん怠感
  fatigue
  ファティーグ

- [ ] 二日酔い
  hangover
  ハングオウヴァ

トラブル編

- ☐ 食中毒
  food poisoning
  フード　ポイズニング

- ☐ 発作
  fit
  フィット

- ☐ ぜんそく
  asthma
  アズマ

- ☐ 消化不良
  digestion problems
  ダイジェスチョン　プラブレムズ

- ☐ 胃腸炎
  stomach infection
  スタマク　インフェクション

- ☐ 盲腸炎
  appendicitis
  アペンダサイティス

- ☐ 肺炎
  pneumonia
  ニューモウニャ

- ☐ ぎっくり腰
  strained back
  ストゥレインドゥ　バック

- ☐ 火傷
  burn
  バーァン

- ☐ 捻挫
  sprain
  スプレイン

- ☐ 打撲
  bruise
  ブルーズ

- ☐ 骨折
  broken bone
  ボロウクン　ボウン

- ☐ 胃薬
  stomach medicine
  スタマク　メディスン

- ☐ 風邪薬
  cold medicine
  コウルド　メディスン

- ☐ 解熱剤
  fever medicine
  フィーヴァ　メディスン

- ☐ 鎮痛剤
  pain medicine / painkiller
  ペイン　メディスン　／
  ペインキラー

- ☐ 抗生物質
  antibiotics
  アンティバイアティックス

- ☐ 消毒薬
  disinfectant
  ディスインフェクタント

- ☐ 湿布
  compress
  カンプレス

- ☐ 座薬
  suppository
  サポズィトリィ

- ☐ 骨
  bone
  ボウン

- ☐ 皮膚
  skin
  スキン

- ☐ 関節
  joint
  ジョイント

- ☐ 筋肉
  muscle
  マスル

- ☐ 血管
  blood vessel
  ブラッド　ヴェセゥ

- ☐ 肛門
  anus
  エイナス

- ☐ 脳
  brain
  ブレイン

- ☐ 心臓
  heart
  ハーァト

- ☐ 肺
  lungs
  ラングズ

- ☐ 肝臓
  liver
  リヴァ

- ☐ 胃
  stomach
  スタマク

- ☐ 腸
  intestine
  インテスタン

● **著者紹介**
プレスワーズ（PRESSWORDS／佐藤淳子・狩野直美・竹内加恵）
旅行業界誌出身のライター集団。豊富な海外取材経験を生かし、旅行、語学関係の記事を中心に執筆活動中。

カバーデザイン	滝デザイン事務所
カバーイラスト	福田哲史
本文デザイン＋DTP	清水裕久（Pesco Paint）／朝日メディアインターナショナル株式会社
イラスト	大塚砂織
英文校正	デイビッド・セイン

単語でカンタン！旅行英会話 改訂版

平成26年（2014年）5月10日　初版第1刷発行
平成29年（2017年）8月10日　　　第5刷発行

著　者	プレスワーズ（PRESSWORDS／佐藤淳子・狩野直美・竹内加恵）
発行人	福田富与
発行所	有限会社　Jリサーチ出版
	〒166-0002　東京都杉並区高円寺北2-29-14-705
	電話 03 (6808) 8801 (代)　FAX 03 (5364) 5310
	編集部 03 (6808) 8806
	http://www.jresearch.co.jp
印刷所	(株)シナノパブリッシングプレス

ISBN978-4-86392-189-4　禁無断転載。なお、乱丁・落丁はお取り替えいたします。
©2014 PRESSWORDS, All right reserved.